Estudos legislativos

O selo DIALÓGICA da Editora InterSaberes faz referência às publicações que privilegiam uma linguagem na qual o autor dialoga com o leitor por meio de recursos textuais e visuais, o que torna o conteúdo muito mais dinâmico. São livros que criam um ambiente de interação com o leitor – seu universo cultural, social e de elaboração de conhecimentos –, possibilitando um real processo de interlocução para que a comunicação se efetive.

Estudos legislativos

Paolo Ricci
Jaqueline Porto Zulini

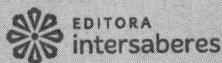

EDITORA intersaberes

Rua Clara Vendramin, 58 . Mossunguê . CEP 81200-170 . Curitiba . PR . Brasil
Fone: (41) 2106-4170 . www.intersaberes.com . editora@editorainterasaberes.com.br

Conselho editorial	Capa
Dr. Ivo José Both (presidente)	Sílvio Gabriel Spannenberg (*design*)
Dr.ª Elena Godoy	*Projeto gráfico*
Dr. Neri dos Santos	Bruno de Oliveira
Dr. Ulf Gregor Baranow	*Diagramação*
Editora-chefe	Débora Gipiela
Lindsay Azambuja	*Equipe de design*
Gerente editorial	Débora Gipiela
Ariadne Nunes Wenger	Charles L. da Silva
Preparação de originais	*Iconografia*
Ana Maria Ziccardi	Sandra Lopis da Silveira
Edição de texto	Regina Claudia Cruz Prestes
Fábia Mariela de Biasi	

Dados Internacionais de Catalogação na Publicação (CIP)
(Câmara Brasileira do Livro, SP, Brasil)

Ricci, Paolo
  Estudos legislativos/Paolo Ricci, Jaqueline Zulini. Curitiba: InterSaberes, 2020.

  Bibliografia.
  ISBN 978-65-5517-562-2

  1. Câmaras legislativas – Brasil 2. Legislação – Brasil 3. Poder legislativo – Brasil 4. Poder legislativo – Congressos I. Zulini, Jaqueline. II. Título.

20-35122   CDD-328.81

Índices para catálogo sistemático:
  1. Estudos legislativos: Ciência política   328.81
      Cibele Maria Dias – Bibliotecária – CRB-8/9427

1ª edição, 2020.

Foi feito o depósito legal.

Informamos que é de inteira responsabilidade dos autores a emissão de conceitos.

Nenhuma parte desta publicação poderá ser reproduzida por qualquer meio ou forma sem a prévia autorização da Editora InterSaberes.

A violação dos direitos autorais é crime estabelecido na Lei n. 9.610/1998 e punido pelo art. 184 do Código Penal.

Sumário

9 *Apresentação*
13 *Como aproveitar ao máximo este livro*

Capítulo 1
17 **Presidencialismo de coalizão**

(1.1)
26 Formaçao dos governos: teorias e evidências

(1.2)
38 Presidencialismo de coalizão no Brasil

(1.3)
42 *Performances* legislativas do presidencialismo de coalizão brasileiro

Capítulo 2
57 Organização interna dos parlamentos em perspectiva histórica

(2.1)
60 Teorias sobre a organização dos trabalhos legislativos

(2.2)
69 Poder de agenda: conceitos

(2.3)
73 Racionalização dos trabalhos legislativos no decurso da história

(2.4)
74 Causas da centralização dos trabalhos legislativos

(2.5)
81 Efeitos do nível de centralização da agenda

Capítulo 3
89 Instâncias decisórias e poder de agenda na Câmara dos Deputados

(3.1)
93 Órgãos de tomada de decisão na Câmara dos Deputados

(3.2)
114 Instrumentos de adoção da agenda legislativa

Capítulo 4

135 **Sistemas eleitorais e comportamento legislativo**

(4.1)

137 Teoria da conexão eleitoral

(4.2)

142 Efeitos sobre a produção legislativa

(4.3)

146 Efeitos sobre a produção legislativa:
o caso do Brasil

(4.4)

151 De volta ao presidencialismo de coalizão

Capítulo 5

165 **Grupos de interesses e atividade legislativa**

(5.1)

167 Teorias sobre grupos de interesses

(5.2)

177 Financiamento de campanha e *lobby*
em perspectiva comparada

(5.3)

184 Grupos de interesses no contexto brasileiro

(5.4)

187 Interesses setoriais e produção legislativa no Brasil

Capítulo 6
201 Estudos legislativos e governos subnacionais

(6.1)
203 Presidencialismo de coalizão no âmbito subnacional
e o impacto sobre a produção legislativa

(6.2)
208 Sucesso do Executivo e o arranjo institucional

(6.3)
215 Atuação legislativa dos deputados estaduais

(6.4)
224 Papel das Assembleias Legislativas
em perspectiva comparada

235 *Considerações finais*
239 *Referências*
261 *Respostas*
273 *Sobre os autores*

Apresentação

Os estudos legislativos são um dos campos mais tradicionais da ciência política. A maioria das teorias disponíveis originou-se da análise sobre o Congresso norte-americano em razão da quantidade de trabalhos que o tomam como objeto de pesquisa. No Brasil, a área consolidou-se após a redemocratização, priorizando a análise da produção legislativa da Câmara dos Deputados. Mais recentemente, os especialistas têm expandido o escopo de suas pesquisas para o Senado Federal e para as Assembleias Legislativas estaduais.

A proposta deste livro é apresentar aos estudantes de ciência política e aos interessados no tema as principais questões que orientam os estudos legislativos. Para facilitar o entendimento, discutiremos as diferentes temáticas pautando o caso brasileiro em perspectiva comparada. Além de repassar as principais teorias e achados da área, sugerimos uma série de indicações de leitura para quem desejar aprofundar seu conhecimento em cada um dos tópicos.

O livro está organizado em seis capítulos, além desta introdução e das considerações finais. No capítulo de abertura, problematizamos as relações Executivo-Legislativo e a lógica da formação de governos para, então, caracterizarmos o presidencialismo de coalizão, isto é, uma composição de governo semelhante ao parlamentarismo na medida em que o Executivo concentra poderes legislativos e costura alianças com os partidos representados no Legislativo para formar uma coalizão de governo e, assim, ter maioria para tentar condicionar o conteúdo da produção legislativa. Nesse capítulo, explicamos a diferença básica entre a forma como o direito e a ciência política interpretam os poderes legislativos do Executivo. Ao passo que os especialistas em direito avaliam o quadro de forma negativa, pois se embasam na teoria da separação dos poderes, os cientistas políticos entendem o fenômeno como uma centralização de poderes importante para assegurar a governabilidade. Em todos os capítulos deste livro, adotamos, justamente, a visão da ciência política quanto ao modo de entender o presidencialismo de coalizão.

A complexidade das relações Executivo-Legislativo é o mote dos próximos quatro capítulos. No segundo capítulo, iniciamos o desenvolvimento desse ponto mostrando como a simples formação de coalizões majoritárias não garante, por si só, o sucesso do governante – observação revelada pela retrospectiva da trajetória das regras que organizam os trabalhos nos parlamentos, que, progressivamente, concentraram cada vez mais poderes nas mãos de poucas posições-chave, todas ocupadas por critérios partidários. Como resultado, os procedimentos legislativos deixaram pouca margem de atuação ao político individual, tornando qualquer mudança proposta em matéria de políticas públicas dependente da intersecção entre as preferências da coalizão e as regras procedimentais delimitadoras do que os deputados podem ou não fazer.

Esse ponto é aprofundado no terceiro capítulo por meio da análise das instâncias decisórias existentes na Câmara dos Deputados, detentoras dos poderes capazes de condicionar a produção legislativa e, por extensão, disputadas pelos partidos políticos. Também nesse capítulo, descrevemos os poderes legislativos detidos pelo Poder

Executivo, alçado à posição de protagonista na tomada de decisão legislativa por ter condições de induzir os resultados e, consequentemente, diminuir ainda mais o espaço para as iniciativas individuais.

No quarto capítulo, avançamos o raciocínio ao retomar evidências de que os deputados não conseguem aprovar projetos de lei que favoreçam, exclusivamente, os seus currais eleitorais. Embora a lei eleitoral estimule o voto pessoal, as regras legislativas colocam freios ao comportamento autônomo dos políticos. Por sua vez, no quinto capítulo, trazemos à tona uma forma complementar de encarar a mesma questão abordando a influência dos grupos de interesses na formatação das políticas públicas. Dados recuperados de vários estudos recentes revelam que, a despeito da impressão geral quanto ao êxito de setores organizados localmente concentrados dominarem a iniciativa dos políticos apadrinhados por eles, o Poder Legislativo aprova mais políticas públicas beneficiando grupos setoriais geograficamente espalhados pelo território.

No último capítulo, deslocamos o foco para a lógica do presidencialismo de coalizão nos estados brasileiros, enfatizando o comportamento dos deputados nas Assembleias estaduais. Do ponto de vista substantivo, os trabalhos recentes denotam que se replica, nos estados, a mesma lógica nacional, havendo pouco espaço para os deputados estaduais gerenciarem uma agenda de políticas públicas autônoma.

Dessa forma, o conteúdo aqui abordado será útil para entender o funcionamento do Congresso Nacional e compreender melhor como nossos representantes atuam. Esta obra também é um convite para desvendar as relações entre presidente e Congresso, tão centrais para avaliar a democracia brasileira, sem cair em interpretações simplórias. Boa leitura!

Paolo Ricci e Jaqueline Porto Zulini

Como aproveitar ao máximo este livro

Empregamos nesta obra recursos que visam enriquecer seu aprendizado, facilitar a compreensão dos conteúdos e tornar a leitura mais dinâmica. Conheça a seguir cada uma dessas ferramentas e saiba como estão distribuídas no decorrer deste livro para bem aproveitá-las.

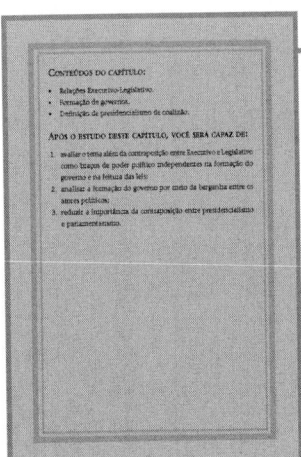

Conteúdos do capítulo

Logo na abertura do capítulo, relacionamos os conteúdos que nele serão abordados.

Após o estudo deste capítulo,
você será capaz de:

Antes de iniciarmos nossa abordagem, listamos as habilidades trabalhadas no capítulo e os conhecimentos que você assimilará no decorrer do texto.

Introdução do capítulo

Logo na abertura do capítulo, informamos os temas de estudo e os objetivos de aprendizagem que serão nele abrangidos, fazendo considerações preliminares sobre as temáticas em foco.

Importante!

Algumas das informações centrais para a compreensão da obra aparecem nesta seção. Aproveite para refletir sobre os conteúdos apresentados.

Síntese

Ao final de cada capítulo, relacionamos as principais informações nele abordadas a fim de que você avalie as conclusões a que chegou, confirmando-as ou redefinindo-as.

Questões para revisão

Ao realizar estas atividades, você poderá rever os principais conceitos analisados. Ao final do livro, disponibilizamos as respostas às questões para a verificação de sua aprendizagem.

Questões para reflexão

Ao propor estas questões, pretendemos estimular sua reflexão crítica sobre temas que ampliam a discussão dos conteúdos tratados no capítulo, contemplando ideias e experiências que podem ser compartilhadas com seus pares.

Para saber mais

Sugerimos a leitura de diferentes conteúdos digitais e impressos para que você aprofunde sua aprendizagem e siga buscando conhecimento.

Paolo Ricci e Jaqueline Porto Zulini

Capítulo 1
Presidencialismo
de coalizão

Conteúdos do capítulo:

- Relações Executivo-Legislativo.
- Formação de governos.
- Definição de presidencialismo de coalizão.

Após o estudo deste capítulo, você será capaz de:

1. avaliar o tema além da contraposição entre Executivo e Legislativo como braços de poder político independentes na formação do governo e na feitura das leis;
2. analisar a formação do governo por meio da barganha entre os atores políticos;
3. reduzir a importância da contraposição entre presidencialismo e parlamentarismo.

Desde 1945, os presidentes brasileiros eleitos governam formando coalizões com os partidos representados no Congresso Nacional para obter maioria legislativa. Os partidos que compõem o governo partilham cargos e funções no Executivo, mudando, eventualmente, durante o mandato presidencial, conforme decidem sair da coalizão governista. Você sabe o que significa formar coalizões de governo no Congresso? Qual a centralidade desse processo para os estudos legislativos?

Neste capítulo, procuramos elucidar como nascem as coalizões e abordar as estratégias de ação dos políticos à luz das regras que definem os procedimentos de escolhas nas Casas Legislativas.

É importante marcar a diferença entre as abordagens da ciência política e do direito sobre o presidencialismo de coalizão, desmistificando o senso comum. A literatura mais jurídica parte de uma visão normativa construída com base na teoria da separação dos poderes e do sistema de freios e contrapesos (*checks and balances*) para introduzir o tema do processo legislativo.

O Quadro 1.1 mapeia a divisão dos poderes estabelecida nas diferentes Cartas Constitucionais brasileiras e ajuda a entender a base desse raciocínio mais normativo.

Quadro 1.1 – Divisão dos poderes nas Constituições brasileiras

Constituição de 1824	Art. 10. Os Poderes Políticos reconhecidos pela Constituição do Império do Brasil são quatro: o Poder Legislativo, o Poder Moderador, o Poder Executivo e o Poder Judicial.
Constituição de 1891	Art. 15. São órgãos da soberania nacional o Poder Legislativo, o Executivo e o Judiciário, harmônicos e independentes entre si.
Constituição de 1934	Art. 3º São órgãos da soberania nacional, dentro dos limites constitucionais, os Poderes Legislativo, Executivo e Judiciário, independentes e coordenados entre si.

(continua)

(Quadro 1.1 – conclusão)

Constituição de 1946	Art. 36. São Poderes da União o Legislativo, o Executivo e o Judiciário, independentes e harmônicos entre si. § 1º O cidadão investido na função de um deles não poderá exercer a de outro, salvo as exceções previstas nesta Constituição. § 2º É vedado a qualquer dos Poderes delegar atribuições.
Constituição de 1967	Art. 6º São Poderes da União, independentes e harmônicos, o Legislativo, o Executivo e o Judiciário. Parágrafo único. Salvo as exceções previstas nesta Constituição, é vedado a qualquer dos Poderes delegar atribuições; o cidadão investido na função de um deles não poderá exercer a de outro.
Constituição de 1988	Art. 2º São Poderes da União, independentes e harmônicos entre si, o Legislativo, o Executivo e o Judiciário.

Fonte: Elaborado com base em Brasil, 1824; 1891; 1934; 1946; 1967; 1988.

Segundo essa abordagem mais normativa, a função típica do Poder Legislativo seria legislar. Os representantes dos parlamentos participam diretamente do processo legislativo introduzindo projetos de leis, denominados *progetti di legge* na Itália, *propositions de loi* na França, *members'bills* no Reino Unido, ou, no Brasil, *projetos de leis*. Apenas excepcionalmente o Poder Executivo concentraria competências legislativas, a exemplo da atuação possível por **medidas provisórias** e **por leis delegadas** – modalidades introduzidas durante o regime militar (Brasil, 1967, art. 58) e mantidas até hoje[1].

---

1   As medidas provisórias (MPs) são normas com força de lei editadas pelo presidente da República em situações de relevância e urgência, e as leis delegadas são atos normativos do presidente que necessitam de delegação ao Legislativo para sua elaboração. Aprofundaremos o tema dos poderes legislativos do presidente no Capítulo 3.

Daí as inúmeras críticas feitas aos governos que abusam do uso das medidas provisórias para legislar quando, em teoria, essas medidas deveriam ficar restritas a contextos excepcionais, diante de urgência e relevância das matérias legislativas.

Na contramão, a ciência política, mais empírica, tem mostrado que o princípio da separação dos poderes não ajuda a compreender a lógica da **produção legislativa** nem no Brasil, nem em outros países. O Gráfico 1.1, a seguir, revela o motivo: ele apresenta a proporção de leis de iniciativa do Poder Executivo sobre o total de leis sancionadas entre o final da década de 1960 e o começo dos anos 1980 em vários países. Quanto mais próximo de 100%, maior o protagonismo do Poder Executivo com relação à produção legislativa. Observe:

Gráfico 1.1 – Proporção de leis de iniciativa do Poder Executivo sobre o total de leis sancionadas (1978-1982)

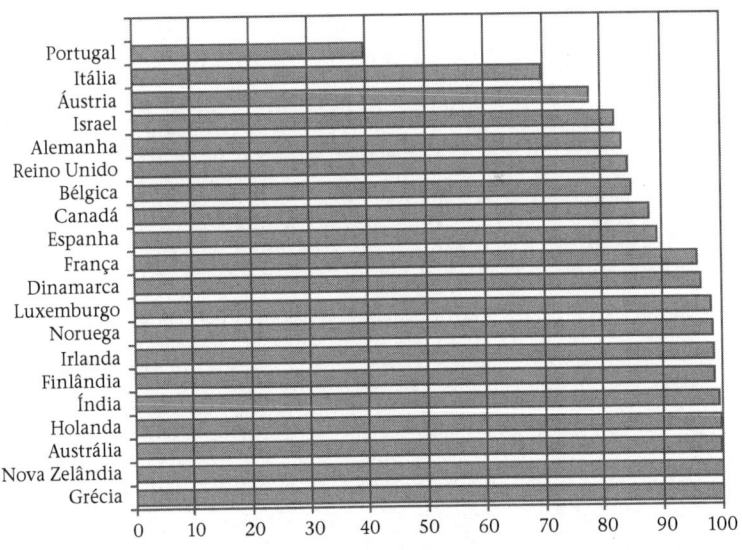

Fonte: Ricci, 2006, p. 49.

Os números mostram que, em termos de leis sancionadas, há predomínio das leis originadas de projetos vindos do Poder Executivo. A literatura comparada tem enfatizando que essa prevalência do Executivo na produção legal é um traço característico das democracias representativas modernas (Duverger, 1980; Loewenberg; Patterson, 1979). Para alguns autores, inclusive, o teor da produção legislativa beira os 90% de autoria do Poder Executivo: ele apresenta, pelo menos, 90% das propostas e, pelo menos, 90% delas são aprovadas (Loewenberg; Patterson, 1979). Foi em virtude dessas constatações que se cunhou o conceito de **dominância legislativa do Executivo**. Contraintuitivo do ponto de vista normativo, mas uma realidade empírica. Há exceções, como Portugal e Itália.

Esse quadro levanta algumas dúvidas a respeito do papel dos parlamentos na produção das leis: Afinal, como o Poder Legislativo participaria do processo de elaboração das leis? A pergunta se faz presente em um contexto democrático em que os parlamentos adquirem centralidade como instituições representativas. Leia o texto *O caráter representativo dos parlamentos contemporâneos*, na Seção *Importante!*, a seguir, que trata da formação do governo representativo como produto recente, pós-revolucionário.

A resposta precisa ser buscada no processo de tomada de decisão dentro dos parlamentos. Independentemente de o regime ser presidencialista ou parlamentarista, a feitura das leis acontece após um projeto apresentado ir à discussão e votação nas Assembleias Legislativas. A mesma situação vale no caso das medidas provisórias: embora tenham força de lei, produzindo efeitos imediatos, elas dependem da aprovação do Congresso Nacional para tornarem-se, de fato, lei. Portanto, durante a **tramitação legislativa**, há espaço para apresentação, discussão e votação de emendas e reparos ou supressões no texto original. Isso significa que a melhor forma de entender como os projetos se tornam lei é abandonar qualquer distinção superficial entre Executivo, de um lado, e Parlamento de outro, para pensar as possíveis interações entre essas instituições.

Qual a lógica, então, do processo de tomada de decisão dentro das Casas Legislativas nas experiências democráticas atuais? Essa pergunta tem sido respondida pela ciência política com base na consideração da **teoria dos atores com poder de veto**. Abandonam-se, assim, as clássicas distinções teóricas sobre a separação dos poderes entre Executivo e Legislativo, a diferenciação entre presidencialismo e parlamentarismo e, até mesmo, a contraposição do tipo de organização do Poder Legislativo entre bicameralismo e unicameralismo. Em vez de tudo isso, entram para o centro da análise "atores individuais ou coletivos cujo acordo é necessário para a mudança do *status quo*", isto é, da legislação (Tsebelis, 2009, p. 41). Os **atores individuais** podem ser os legisladores, o presidente da República, um ministro do Estado etc. Já os **atores coletivos** podem ser desde os partidos políticos até as comissões legislativas, ou os grupos de pressão, por exemplo.

Em tese, todos os atores, individuais ou coletivos, têm capacidade de influenciar a produção legislativa. Na prática, porém, sua capacidade decisória depende de dois fatores. O primeiro deles é propriamente político e remete ao formato do governo representativo. Isso quer dizer que, sob a perspectiva dos estudos legislativos, importa entender a fase pós-eleitoral, quando se forma o governo (o conjunto de atores que se encarrega de administrar o país). O *X* da questão, aqui, diz respeito a quem detém maioria na arena legislativa para conseguir mudar o *status quo*. Um presidente eleito cujo partido detenha, por exemplo, 50% + 1 (maioria absoluta) das cadeiras no Congresso tem como produzir leis e governar sem a interferência de outros atores políticos. Entretanto, trata-se de uma situação rara mundo afora e, especificamente, no caso do Brasil, o presidente da República nunca alcançou um número suficiente de cadeiras que lhe permitisse governar sozinho. Para poder governar, o partido do presidente sempre precisou aliar-se a outros partidos. Esse exercício de formação do governo ficou conhecido como **presidencialismo de coalizão**. Para Tsebelis (2009), compreender sua formação é crucial na medida em que a ineficácia da ação legislativa dos governos pode ser entendida pelas características da coalizão. Em particular, fragmentação partidária (número de partidos que fazem parte da coalizão governamental) e diferenças ideológicas entre os componentes da coalizão explicariam o desempenho dos governos. Segundo o autor, a existência de muitos partidos e o aumento da distância ideológica entre os membros da coalizão levam a uma redução no nível de produção legislativa importante, isto é, aquela que muda significativamente o *status quo* (Tsebelis, 2009).

O segundo fator que precisa ser levado em conta para compreendermos a capacidade decisória dos atores políticos envolvidos na produção legislativa retoma um aspecto formal: trata-se de entender as decisões legislativas conforme as regras que regem os trabalhos dos parlamentos. Significa considerar a existência de normas procedimentais que estabelecem como e quando determinadas decisões serão tomadas pelos atores individuais e coletivos.

Importante!

O caráter representativo dos parlamentos contemporâneos

Há diferentes nomes para identificar as instituições representativas contemporâneas (Congresso, Casas Legislativas, Conselho, Assembleia Legislativa, Parlamento, Estados Gerais etc.), sendo o termo *Parlamento* o mais habitualmente usado em sistemas parlamentaristas, e *Congresso*, no presidencialismo. Este livro discute, justamente, o papel das instituições representativas para a produção legislativa em regimes democráticos. O elemento mais significativo da definição das instituições representativas – independentemente do termo usado para designá-las – é seu caráter representativo, tanto que costumamos identificar o regime democrático, nos dias atuais, não apenas como *democrático*, mas também como *democracia representativa*. O qualificativo *representativa* não entrou para frisar a existência de um pequeno grupo de governantes na direção do regime (os representantes), mas para enfatizar o fato de que os governantes são selecionados por meio das eleições.

Em seu estudo *The Principles of Representative Government*, o estudioso francês Bernard Manin (1997) analisou a trajetória do governo representativo até os dias atuais e constatou que outras formas de selecionar os governantes foram mais triviais no passado. Na Grécia e na Roma antigas, por exemplo, recorria-se ao sorteio para definir os próximos representantes. Somente com as revoluções americana e francesa, as eleições triunfaram como principal mecanismo de seleção dos governantes. Na prática, ganhou força, dali em diante, uma nova concepção de cidadania.

> O cidadão passou a ser visto como fonte de legitimação política porque, com a adoção das eleições, valorizou-se o princípio segundo o qual a autoridade eleita tem legitimidade para governar. Então, o cidadão tornou-se, no século XIX, uma fonte do poder, na medida em que detém o direito de escolher, pela via eleitoral, seus próprios representantes, considerando-os aptos para legislar e formular as políticas públicas.

(1.1)
Formação dos governos: teorias e evidências[2]

Como se formam os governos? A ciência política tem-se dedicado ao estudo desse tema desde a década de 1960, aproximadamente. Embasado na teoria dos jogos, o trabalho pioneiro de Riker (1962) pensa a política de coalizão como um jogo estratégico entre líderes partidários que controlam grupos de políticos (os legisladores) e visam, sobretudo, obter cargos governativos (ministérios ou secretarias). Na visão do autor, o resultado final da negociação entre os líderes convergiria para a criação de **coalizões mínimas ganhadoras** (*minimal winning coalitions*): governos formados por um grupo mínimo de partidos cuja ação conjunta permitiria alcançar a maioria necessária para governar. É uma coalizão mínima no sentido de que se algum partido "abandonar o barco", a coalizão se torna minoritária. Um risco desejável porque os atores políticos teriam interesse em acumular o maior número de cargos – algo tanto mais factível

---

2   Para uma síntese das teorias sobre formação e funcionamento dos governos de coalizão, ver: Batista, 2016.

quanto mais se restringisse o tamanho da coalizão ao menor número de partidos (Riker, 1962).

O argumento de Riker (1962) supõe o comportamento racional dos atores, isto é, dos partidos, que pretendem maximizar os ganhos políticos da governança por meio da concentração do maior número possível de cargos executivos. A título de exemplo, consideremos uma coalizão composta por apenas dois partidos. Como ocorreria a distribuição dos cargos entre eles? Conforme Gamson (1961), é esperado que os partidos obtenham um número de cargos proporcional ao número de cadeiras ocupadas por cada um dos dois partidos no Legislativo.

Contudo, existem autores que não consideram razoável pensar a construção das coalizões, unicamente, pela ótica das negociações entre os líderes partidários. Um fator extra que tem sido resgatado pela literatura diz respeito ao posicionamento ideológico (e à potencial distância ideológica) entre os líderes. A crítica parte da ideia de que a capacidade de se chegar a um acordo final quanto à composição da coalizão não pode ignorar os custos políticos inerentes às decisões tomadas. Um exemplo hipotético ajuda a entender o ponto. Imagine a situação em que um partido de esquerda detenha 29% das cadeiras na Câmara dos Deputados, e outro, de direita, tenha conquistado 21,1% das cadeiras. Seria lógico pensar na formação de um governo mínimo composto por dois partidos que se contrapõem sistematicamente? Leiserson (1966) aponta que não. Ele afirma que as coalizões mínimas ganhadoras vão formar-se em torno do menor *diâmetro ideológico*, entendido como a distância entre os dois membros extremos no eixo esquerda-direita.

Além da força do partido (número de cadeiras no Legislativo) e a distância ideológica, há quem explique a formação de coalizões por meio da posição que cada partido assume com relação à intervenção sobre a política pública (*policy*). Para Axelrod (1970), os partidos não competem apenas por cargos (*office*), mas por influenciar as políticas públicas (*policy*). Assim, os partidos prefeririam compor coalizões caracterizadas por menor conflito em termos de preferências de *policy*.

De fato, as teorias disponíveis sobre formação de coalizões não conseguem dar conta da complexidade da realidade. O Quadro 1.2, a seguir, organiza os possíveis tipos de governos em razão do número de partidos e do apoio legislativo obtido.

Quadro 1.2 – Conjuntura partidária e formação de governos

Número de partidos	Taxa de apoio ao governo no Legislativo (% de cadeiras)	
	Menos de 50%	Mais de 50%
Um partido	Governo minoritário de um partido (*Single-party minority government*)	Governo majoritário de um partido (*Single-party majority government*)
Mais de um	Governo de coalizão minoritária (*Minority coalition government*)	Governo de coalizão majoritária (*Majority coalition government*)

Fonte: Elaborado com base em Sandes-Freitas, 2019.

Os **governos minoritários** (*single-party minority government*) são governos nos quais o partido do governante ocupa todas as pastas ministeriais, mas não detém a maioria das cadeiras nas Casas Legislativas.

Trata-se de uma situação típica dos países nórdicos: na Suécia, por exemplo, a taxa de governos minoritários ficava em 44,6% dos governos entre 1917 e 2010. Os valores são ainda mais expressivos na Noruega (47,1% entre 1884 e 2010) e na Dinamarca (58,1% entre 1901 e 2010).

Por sua vez, os **governos de coalizão minoritária** (*minority coalition government*) definem-se pela presença de mais de um partido formando a coalizão de governo sem, porém, que a soma das cadeiras ocupadas pelos integrantes desses partidos nos parlamentos supere os 50%. Bons exemplos desse caso são a Finlândia (50% dos governos entre 1917 e 2010) e a Itália.

Quando apenas um partido detém a maioria das cadeiras legislativas e, justamente por isso, pode prescindir de formar uma coalizão de governo, temos um **governo majoritário de um partido** (*single-party majority government*). O caso típico é o do Reino Unido após a Segunda Guerra Mundial, quando trabalhistas e conservadores alternaram-se no governo.

Por fim, a categoria **governo de coalizão majoritária** (*majority coalition government*) pode ser definida por meio de duas subcategorias importantes já discutidas. Denominamos de coalizão minimamente ganhadora (*minimal winning coalition*) a situação em que um número mínimo de partidos garante a maioria legislativa – definida como 50% + 1 dos representantes. A saída de apenas um partido do governo leva-o a uma condição de minoria parlamentar. Essa categoria é a que foi, inicialmente, prevista pela teoria. A outra categoria diz respeito às coalizões sobredimensionadas, nas quais a saída de um partido é compensada pela presença de outros, garantindo-se a maioria legislativa.

A Tabela 1.1, a seguir, informa o perfil dos tipos de governo formados nos países europeus entre 1945 e 1999 levando em conta as quatro situações possíveis (os valores destacados indicam o caso mais observado naquele país).

Tabela 1.1 – Tipos de governos em países europeus (1945-1999)

País	Governos unipartidários	Coalizões mínimas ganhadoras (CMG)	Coalizões sobre-dimensionadas	Governos minoritários	Total
Áustria	4 (19)	**14 (66,7)**	2 (9,5)	1 (4,8)	21
Bélgica	3 (9,1)	**14 (42,4)**	12 (36,4)	4 (12,1)	33
Dinamarca		4 (12,9)		**27 (87,1)**	31
Finlândia		7 (18,9)	**20 (54,1)**	10 (27,0)	37
França	1 (4,3)	7 (30,4)	**8 (34,8)**	7 (30,4)	23
Alemanha	1 (3,8)	**17 (65,4)**	5 (19,2)	3 (11,5)	26
Grécia	**7 (70)**	1 (10,0)	1 (10,0)	1 (10,0)	10
Islândia		**17 (65,4)**	4 (15,4)	5 (19,2)	26
Irlanda	6 (27,3)	5 (22,7)		**11 (50,0)**	22
Itália		4 (8,2)	21 (42,9)	**23 (47,9)**	48
Luxemburgo		**15 (93,8)**	1 (6,3)		16
Holanda		9 (40,9)	**10 (45,5)**	3 (13,6)	22
Noruega	6 (23,1)	3 (11,5)		**17 (65,4)**	26
Portugal	2 (18,2)	**3 (27,3)**	**3 (27,3)**	**3 (27,3)**	11
Espanha	2 (25,0)			**6 (75,0)**	8
Suécia	2 (7,7)	5 (19,2)		**19 (73,1)**	26
Reino Unido	**19 (95,0)**			1 (5,0)	20
Total	53 (13,1)	125 (30,5)	87 (21,7)	**141 (34,7)**	406

Fonte: Elaborado com base em Mitchell; Nyblade, 2008.

Observe que os dados indicam que a categoria das coalizões minimamente ganhadoras não é a regra na Europa: governos do gênero prevaleceram na Áustria, na Bélgica, na Alemanha e na Islândia, mas, nos demais países, existem configurações de governo distintas. Do ponto de vista teórico, os tipos mais interessantes são os governos minoritários e os governos compostos por coalizões sobredimensionadas justamente em razão da dificuldade de interpretar a estrutura de incentivos e os custos políticos envolvidos nessas manifestações específicas. No caso das coalizões sobredimensionadas, a teoria tem-se fundamentado na noção de informação imperfeita entre os atores políticos para justificá-las (Dodd, 1974). Acredita-se que a inclusão de partidos a mais na coalizão é uma escolha racional, capaz de evitar a derrota da coalizão na eventualidade de possíveis saídas ou deserções. Isso porque os líderes não sabem se, de fato, os outros partidos têm interesse em permanecer na coalizão ao longo do mandato e, além disso, torna-se necessário antecipar a possibilidade de algum partido integrante da coalizão passar por uma instabilidade interna que altere o comportamento legislativo, resvalando na quebra de compromisso com a coalizão.

Para Swaan (1973), nas coalizões sobredimensionadas, é possível encontrar partidos mais acessórios e, no limite, desnecessários, cuja saída não afetaria, de fato, a manutenção da maioria legislativa. Para o autor, o conceito-chave é o de **ator pivotal**, isto é, aquele partido cuja saída da coalizão determina a perda da maioria. O partido pivotal pode defender a entrada na coalizão de outras forças políticas não necessárias à sustentação da maioria, caso deseje, por exemplo, usar essas forças políticas para desequilibrar a coalizão. Assim, se um partido X defende uma mudança do *status quo* na *policy A*, mas a coalizão mínima se compõe de partidos com posições conservadoras, a entrada na coalizão de um partido *Y* pode ser útil para aprovar as mudanças preteridas pelos conservadores, porém desejada pelos partidos *X* e *Y*.

No caso dos governos minoritários, até recentemente, a explicação para sua existência era fundamentada na conjuntura política. A literatura interpretava tais governos como ocasionais ou temporários, porém, como demonstrado na Tabela 1.1, os governos minoritários constituem o padrão de muitos países. A pesquisa de Kaare Strom (1990) tem iluminado a forma de compreensão desse achado ao sugerir que os governos minoritários são a consequência de escolhas racionais ponderadas por parte dos partidos. Segundo o autor, participar do governo implica custos elevados que alguns partidos decidem evitar, entretanto isso não significa, automaticamente, estar na oposição. Para esses partidos, faz mais sentido oferecer apoio pontual ao governo na arena legislativa, colaborando de forma sistemática apenas esporadicamente, dependendo da **política pública** em discussão. Trata-se de um tipo de apoio externo que não ocorre pela obtenção de cargos ministeriais, mas pela negociação em torno de políticas públicas. Aqui, o elemento inovador, do ponto de vista da teoria, é justamente a ideia de que os partidos se interessam não apenas por cargos, mas também por políticas. Na interpretação de Strom (1990), o volume considerável de governos minoritários com altas taxas de sucesso legislativo demonstra que, em vez de esses casos representarem resultados subótimos, eles constituem alternativas racionais às coalizões mínimas, ou sobredimensionadas.

Todas as teorias apresentadas até aqui sobre a formação de governos são **teorias dedutivas**, baseadas na escola da escolha racional. Alternativamente, outras teorias, de cunho indutivo, dedicam mais peso às características estruturais dos sistemas políticos. Como Golder (2006) explica, nesse caso, entram em cena questões macro como: o tipo do sistema partidário – classificado de acordo com o número de partidos; a relação entre governo e oposição – entendida conforme as opções de conflito ou consenso; a existência, ou não, de um partido antissistêmico – a exemplo do Partido Comunista Italiano, que nunca aceitou integrar oficialmente um governo; eventuais acordos pré-eleitorais – quando a coligação eleitoral é programática e mantém-se na fase pós-eleitoral.

Em comum, as **teorias estruturais** de formação de governos costumam enfatizar o papel do partido *formateur*, a forma de se referir àquela força política que, em virtude das regras institucionais, ou por decisão de outros atores (como o presidente da República ou o monarca), é, a princípio, encarregado de formar o governo. Na prática, significa dizer que o partido inicialmente incumbido de abrir a negociação com os demais partidos sai na frente, garantindo-se no governo e escolhendo eventuais alternativas consoante suas preferências de *policy* (Austen-Smith; Banks, 1988).

Originalmente, as teorias estruturais de formação de governos foram concebidas com base nas experiências parlamentaristas na Europa. Os analistas tratavam da forma como o chefe de governo em um regime parlamentarista, em geral, identificado na figura do primeiro-ministro, montava sua base de apoio legislativo negociando cargos ministeriais entre os partidos políticos representados no Parlamento. Como o primeiro-ministro provém de uma indicação do Parlamento, ele precisa manter sua aprovação, sob o risco de perder o cargo se não preservar a maioria legislativa.

Segundo a literatura, esse fato estimula o primeiro-ministro a procurar conservar uma base de apoio parlamentar e a distribuir cargos ministeriais para membros dos partidos políticos no Parlamento em troca de apoio nas votações e decisões parlamentares. Você acredita que faz sentido usar o mesmo contexto para interpretar a formação dos governos na América Latina, onde prevalecem regimes presidenciais?

Parte da literatura tem diluído as diferenças entre os regimes parlamentarista e presidencialista quando se trata de formar governos. Estudos mostram que, em regimes presidencialistas, o partido do presidente segue a mesma lógica do partido dos primeiros-ministros em regimes parlamentaristas: distribuindo posições de poder, como cargos em ministérios e secretarias, em troca de apoio legislativo. Isto é, presidentes conseguem governar porque negociam postos no governo com determinados partidos, cuja retribuição vem na forma de alinhamento político para elaboração e aprovação de políticas públicas. Os partidos que compõem a coalizão governista e assumem pastas ministeriais passam a gerir as políticas de responsabilidade de seus ministérios. Dividem, assim, com o partido do presidente, tanto o ônus quanto o bônus de ser parte do governo.

Nesse cenário, o presidente opta por formar sua coalizão com partidos que, somados, lhe garantem o apoio da maioria dos representantes no Legislativo. A distribuição das pastas ministeriais entre os maiores partidos implica a divisão, entre presidente e legendas, da responsabilidade pelas políticas implementadas via ação dos ministérios. Dito de forma explícita: faz-se uma permuta de cargos por votos, assim como no parlamentarismo.

Antonio Cheibub (2007) levantou a composição dos governos democráticos em vários países do mundo e verificou que, entre 372 regimes parlamentaristas, formam-se coalizões de governo em 207 casos (55,6% das vezes), ao passo que, nos 238 regimes presidencialistas, encontram-se governos de coalizão em 87 casos (36,6%). Isso evidencia que, embora nas democracias os governos de coalizão formem-se com mais frequência em regimes parlamentaristas, também existem presidencialismos de coalizão em cerca de três quintos das experiências presidencialistas. Cheibub (2007) observou, inclusive, que, dos 87 casos em que o presidente formou uma coalizão de governo, 20 constituem situações de governos minoritários. A Tabela 1.2, a seguir, ajuda a entender o fenômeno à luz do caso latino-americano.

Tabela 1.2 – Tipos de governos na América Latina

País	Número de governos	Governos unipartidários majoritários	Governos unipartidários minoritários	Governos de coalizão majoritários	Governos de coalizão minoritários
Argentina	6	1	3		2
Bolívia	8		1	4	3
Brasil	15			11	4
Chile	5			5	
Colômbia	11		1	10	
Costa Rica	6	3	3		
Equador	20		4	1	15
Estados Unidos	5	2	2	1	
México	2	2			
Panamá	7			3	4
Peru	9	2	1	4	2
Uruguai	6			6	
Venezuela	6	1	3	1	1
Total	106	11	18	46	31

Nota: Os casos considerados referem-se à Argentina (1983-2001); Bolívia (1982-2001); Brasil (1985-2001); Chile (1990-2014); Colômbia (1978-2000); Costa Rica (1978-2002); Equador (1979-1999); Estados Unidos (1981-2001); México (1988-2000); Panamá (1990-2002); Peru (1980-1992); Uruguai (1985-2003); Venezuela (1979-1999).

Fonte: Elaborado com base em Amorim Neto, 2006.

De acordo com os dados, 76,2% dos governos presidenciais na América Latina são coalizões. O caso do Brasil se sobressai em relação aos demais já que, junto ao Chile, ao Panamá e ao Uruguai, caracteriza-se por formar apenas governos de coalizão. Podemos afirmar, portanto, que os governos brasileiros podem ser descritos pelo seu apelo regular à lógica da coalizão, definida pela presença de uma base de apoio congressual à ação do presidente da República.

Todavia, isso não suplanta as várias diferenças existentes entre os regimes presidencialistas e parlamentaristas. Leia o texto da Seção *Importante!*, a seguir, que sintetiza as diferenças entre esses dois regimes. Pesquisadores têm, inclusive, atribuído a essas diferenças uma influência decisiva no formato organizacional dos partidos políticos (Samuels; Shugart, 2010). Mais especificamente, afirma-se que o presidencialismo impede o desenvolvimento institucional dos partidos, encoraja a nacionalização partidária em razão da disputa presidencial ou, até mesmo, favorece a atuação menos coesa de partidos no Congresso. O debate está em aberto.

Para o tema que nos interessa discutir aqui, vale a mensagem geral: em ambos os regimes, a tendência é a formação de coalizões estáveis que permitam organizar a agenda legislativa de Executivo e Legislativo, visando à governabilidade.

Importante!

A diferença entre presidencialismo e parlamentarismo

Você sabe qual a diferença entre um país presidencialista e outro parlamentarista? O critério principal para entender as diferenças entre ambos e o significado prático do tipo de regime político na formação do governo remete ao modo como os poderes Executivo e Legislativo se constituem. No regime parlamentarista, é o próprio Parlamento que forma o governo, indicando um primeiro-ministro para governar. O nome aprovado ganha chancela para compor seu gabinete ministerial, isto é, nomear os ministros e secretários de governo. Entretanto, o primeiro-ministro passa a exercer um governo cuja vida útil depende do aval da maioria parlamentar. Caso a maioria considere o governo irresponsável, pode derrubá-lo. Nessa hipótese, o primeiro-ministro e todo o gabinete devem entregar seus cargos. O instrumento formal para isso é o chamado *voto de desconfiança*. Daí se frisar a fusão entre os poderes Executivo e Legislativo como uma das principais características do parlamentarismo. Afinal, governo e parlamento têm a mesma origem, e o segundo pode destituir o primeiro se julgar necessário. Cabe enfatizar um tipo específico de voto de desconfiança: o chamado *voto de desconfiança construtivo*, adotado na Alemanha, o qual se caracteriza por condicionar um voto de desconfiança qualquer à presença de uma alternativa de maioria. Caso contrário, será preciso convocar novas eleições.

No regime presidencialista, os poderes Executivo e Legislativo são eleitos em eleições independentes. Se o partido do presidente não conseguir eleger a maioria dos representantes no Legislativo, surge a necessidade de formar uma coalizão de governo.

> Porém, caso as relações entre Executivo e Legislativo se estremeçam, um poder não pode destituir o outro, a não ser em casos excepcionais. Só é possível remover o presidente eleito, por exemplo, por meio do processo de *impeachment*. Depois de 1988, dois presidentes brasileiros sofreram *impeachment*: Fernando Collor de Mello (1992) e Dilma Roussef (2016). Diferentemente do período pós-Segunda Guerra Mundial, quando a destituição dos governos era, geralmente, feita por intervenção militar, nos regimes atuais são os escândalos políticos, a crescente independência da imprensa e as crises econômicas os principais gatilhos de processos de *impeachments* de presidentes latino-americanos (Pérez-Liñán, 2007).

(1.2)
Presidencialismo de coalizão no Brasil

Você sabe identificar quais as coalizões de apoio ao presidente no Brasil do pós-1988? Na Tabela 1.3, a seguir, estão indicados os partidos que compuseram as coalizões presidenciais desde o governo Sarney até o primeiro governo Lula. Ela também indica a porcentagem de cadeiras do partido do presidente e a porcentagem de cadeiras que a coalizão detinha na Câmara dos Deputados. Os dados mostram que, sozinho, o partido do presidente não poderia garantir o controle sobre o processo legislativo. A opção de um governo unipartidário majoritário nunca se concretizou no Brasil. À exceção de Sarney, cujo partido detinha uma proporção significativa de cadeiras, um resultado excepcional e altamente dependente da maneira como foi conduzida a transição democrática, os partidos dos presidentes não ultrapassam a marca de 19% das cadeiras na Câmara dos Deputados. Observe:

Tabela 1.3 – Coalizões presidenciais no Brasil (1988-2009)

Coalizão	Data inicial	Data final	Partido do presidente	Partidos na coalizão de governo	% cadeiras do partido do presidente na CD	% cadeiras da coalizão na CD
Sarney 2	06/10/1988	14/03/1990	PMDB	PMDB-PFL	54	63,03
Collor 1	15/03/1990	12/10/1990	PRN	PRN-PFL	5,1	33,9
Collor 2	13/10/1990	31/01/1991	PRN	PRN-PFL-PDS	6,1	
Collor 3	01/02/1991	14/04/1992	PRN	PRN-PDS-PFL -PMN-PSC-PST	8,0	34,59
Collor 4	15/04/1992	30/09/1992	PRN	PDS-PTB-PL-PFL-PSC-PRN-PL	6,2	43,54
Itamar 1	01/10/1992	30/08/1993	Sem partido	PSDB-PTB-PMDB-PSB-PFL-PSC-PRN	-	60,04
Itamar 2	31/08/1993	24/01/1994	Sem partido	PSDB-PTB-PMDB-PP-PFL-PSC-PRN	-	59,64
Itamar 3	25/01/1994	31/12/1994	Sem partido	PSDB-PMDB-PFL-PSC-PRS	-	55,27
FHC I 1	01/01/1995	25/04/1996	PSDB	PSDB-PFL-PMDB-PTB	9,4	56,14
FHC I 2	26/04/1996	31/12/1998	PSDB	PSDB-PFL-PMDB-PTB-PPB-PL-PMN-PSC-PSD-PSL	16,6	77,19
FHC II 1	01/01/1999	05/03/2002	PSDB	PSDB-PMDB-PPB-PTB-PFL-PL-PMN-PSC-PSD-PSL-PST	18,3	73,88
FHC II 2	06/03/2002	31/12/2002	PSDB	PMDB-PSDB-PPB	18,3	45,22
Lula I 1	01/01/2003	22/01/2004	PT	PT-PCdoB-PSB-PDT-PTB-PPS-PV	11,1	42,88
Lula I 2	23/01/2004	31/01/2005	PT	PT-PL-PCdoB-PSB-PTB-PPS-PV-PMDB-PSL	17,5	62,38
Lula I 3	01/02/2005	19/05/2005	PT	PT-PL-PCdoB-PSB-PTB-PV-PMDB	17,5	57,70
Lula I 4	20/05/2005	22/07/2005	PT	PT-PL-PCdoB-PSB-PTB-MDB	17,7	58,28
Lula I 5	23/07/2005	31/12/2006	PT	PT-PL-PCdoB-PSB-PTB-PP-PMDB	17,5	69,59
Lula II 1	01/01/2007	01/04/2007	PT	PT-PL–PCdoB–PSB–PTB–PMDB–PP	15,8	53,6
Lula II 2	02/04/2007	09/08/2009	PT	PT-PR–PCdoB–PSB–PTB–PMDB–PP –PRB	16,0	68
Lula II 3	15/10/2009	31-12-2010	PT	PT-PR–PCdoB–PSB–PMDB–PP –PDT-PRB	15,4	63

Fonte: Elaborado com base no Banco de Dados Legislativos (Cebrap) e em Figueiredo; Limongi, 2007.

Entretanto, a leitura da tabela denota que as coalizões presidenciais, geralmente, mantinham uma proporção de cadeiras na Câmara dos Deputados suficiente para alcançar a maioria absoluta dos votos no plenário (50% + 1). Esse número permitia aprovar quaisquer matérias que exigissem **quórum de votação simples**[3] – como projetos de lei ordinária, projetos de lei orçamentária e medidas provisórias, entre outros –, bem como matérias com **quórum qualificado**[4] – como é o caso da votação de proposta de emenda à Constituição, que precisa atingir um quórum mínimo de 3/5 dos votos em dois turnos de votação para passar. Apenas Collor governou em minoria por muito tempo. Fernando Henrique Cardoso experimentou essa situação desfavorável apenas no final do segundo mandato, quando o Partido da Frente Liberal (PFL), seu fiel aliado desde o início do primeiro mandato, decidiu lançar a candidatura presidencial de Roseana Sarney. Lula ficou minoritário apenas no começo de seu primeiro mandato. Mais do que isso: grande parte das coalizões presidenciais garantia aos diferentes presidentes o apoio de, pelo menos, 60% dos parlamentares, valores necessários para a aprovação de uma proposta de emenda à Constituição.

Esses dados revelam que as relações Executivo-Legislativo devem ser interpretadas não como contraposição entre dois poderes, cada um agindo de forma independente, mas por meio da relação entre presidente e sua maioria legislativa, isto é, os partidos agem de acordo com sua relação com o governo: ou fazem parte dele, ou se opõem a ele. Do ponto de vista dos estudos legislativos, isso significa que a dimensão principal para entender a produção legislativa é a relação governo-oposição. Os políticos podem até ter preferências distintas, e o contexto federativo também tem possibilidade de influenciar a

---

3 *Quórum de votação simples diz respeito à maioria de votos, presente a maioria absoluta dos membros da Casa Legislativa.*

4 *Quórum qualificado de votação é o termo técnico usado para fazer referência a maiorias especiais, maiores do que a maioria simples, necessárias à aprovação de determinadas matérias legislativas. As definições dos tipos de maiorias serão detalhadas no Capítulo 2.*

tomada de decisões, mas é a contraposição entre governo e a oposição que explica a produção legislativa no Brasil, seja na Câmara dos Deputados, seja no Senado Federal (Leoni, 2002; Izumi, 2016).

Os estudos conduzidos sobre o caso brasileiro têm evidenciado similaridades com os casos europeus. Em estudo pioneiro sobre os presidencialismos na América Latina, Amorim Neto (2006) enfatizou a distribuição de cargos no gabinete presidencial levando em conta o tamanho dos partidos no Congresso. Outros estudos afirmaram que a formação da coalizão e a distribuição de ministérios entre os membros dependeria da presença de acordos pré-eleitorais (Carrol; Cox, 2007) ou da proximidade ideológica (Alemán; Tsebelis, 2011). Entrevistados sobre o assunto, os próprios parlamentares brasileiros e, sobretudo, os governistas admitem que o presidencialismo de coalizão é benéfico para o sistema político como um todo (Power, 2011).

O texto da Seção *Importante!*, a seguir, revela que a formação dos governos não era estranha à lógica de funcionamento do Império.

> **Importante!**
>
> **Formação dos governos durante o Brasil Império**
>
> O Brasil viveu uma experiência parlamentarista no Império, quando se tornou uma monarquia constitucional. Dom Pedro I assumiu a frente desse regime durante o Primeiro Reinado (1822-1931) e, passada sua renúncia e o período regencial, coube a função de monarca ao seu filho Dom Pedro II, durante o Segundo Reinado (1840-1889). Naquela época, o Congresso Nacional constituía-se de uma Câmara dos Deputados eletiva e de um Senado Federal, cujos membros o próprio monarca indicava para exercerem o cargo em caráter vitalício. Os principais partidos políticos que tomavam assento no Congresso eram o Partido Conservador e o Partido Liberal.

> A partir de 1840, o monarca passou a ter auxílio de um presidente e de um grupo de ministros para administrar o Brasil. Sete anos depois, em 1847, foi oficialmente criado por decreto o Conselho dos Ministros, composto pelos ministros e pelo presidente do Conselho. Dom Pedro II nomeava o presidente do Conselho, que, por sua vez, escolhia os ministros.
>
> Durante o Segundo Reinado, 37 gabinetes se sucederam, compostos, em sua maioria, por membros de uma única força política. A literatura clássica costuma enfatizar o papel da Coroa na duração dos gabinetes ministeriais afirmando que Dom Pedro II abusaria de suas prerrogativas para montar e derrubar o Conselho dos Ministros (Faoro, 2001; Holanda, 1985). Entretanto, pesquisa recente que reconstruiu a formação e dissolução dos gabinetes mostrou como a sustentação deles "dependeu menos da aquiescência da Coroa do que da capacidade dos titulares do Executivo de assegurarem maiorias na Câmara dos Deputados" (Ferraz, 2017, p. 64). O ponto é de extrema importância já que chama em causa, de um lado, o papel da Câmara e da relação dela com os gabinetes e, de outro, diminui a suposta interferência da Coroa na formação dos gabinetes ministeriais.

(1.3)
PERFORMANCES LEGISLATIVAS DO PRESIDENCIALISMO DE COALIZÃO BRASILEIRO

Tendo como foco a produção legislativa, como podemos avaliar o funcionamento do presidencialismo de coalizão brasileiro? O termo *presidencialismo de coalizão* foi cunhado por Sérgio Abranches em artigo de 1988.

Escrito durante os trabalhos da Assembleia Constituinte, o texto recuperava a experiência da democracia de 1946, com governos constituídos por presidentes que gozavam de amplo apoio parlamentar. Eurico Gaspar Dutra (1945-1950) tinha 74% de apoio na Câmara dos Deputados. Seu sucessor, Getúlio Vargas (1950-1954), chegou a alcançar o patamar de 88% de apoio, e Juscelino Kubitschek (1955-1960) contou com "apenas" 66 cadeiras na Câmara. As grandes coalizões seriam o resultado da necessidade de chegar a um acordo perante um quadro partidário altamente fragmentado, refém de demandas regionais e marcado pela heterogeneidade das demandas sociais, econômicas e políticas da época.

Para Abranches (1988), faltava àquele presidencialismo de coalizão um mecanismo capaz de mitigar, ou até de anular, os conflitos entre os membros da coalizão. Nem a adesão a princípios mínimos para orientação de políticas ou a diretrizes programáticas dentro da coalizão, nem a habilidade das lideranças políticas e partidárias em solucionar conflitos dariam conta de garantir a manutenção da coalizão em períodos de crise, resultando em um "enfraquecimento da autoridade executiva e maior potencial de conflito entre Legislativo e Executivo" (Abranches, 1988, p. 30). O autor temia que o novo regime democrático adotasse o mesmo modelo do presidencialismo de coalizão desenhado em 1946 e repetisse o problema de governabilidade, abrindo caminho para outro golpe militar, como o de 1964.

Como sabemos, a história não se repetiu. Ao contrário dos anos 1946-1964, atualmente, existem **instrumentos formais** que garantem ao presidente da República e à sua coalizão um controle efetivo sobre o processo legislativo. Esses instrumentos constam tanto na Constituição de 1988 quanto nos regimentos internos da Câmara e do

Senado. O importante, aqui, é lembrar um ponto: regras importam porque constrangem a ação dos partidos e dos políticos individualmente. A capacidade decisória da coalizão de governo, de seus líderes e do próprio presidente da República decorre das regras estabelecidas para produzir as leis. O equilíbrio decisório, ou a tomada de decisão na arena legislativa, se estrutura institucionalmente (Shepsle; Weingast, 1981).

O quadro a seguir evidencia as diferenças entre os períodos 1946-1964 e pós-1988, levando em conta as regras que direcionam os trabalhos legislativos previstas nos regimentos internos da Câmara dos Deputados e nas Constituições de 1946 e 1988.

Quadro 1.3 – Poderes legislativos do Executivo e competências dos líderes partidários na Câmara dos Deputados (1946 e 1988)

Poderes legislativos do Executivo	Constituição 1946	Constituição 1988
• Iniciativas exclusivas de caráter administrativo	Sim	Sim
• Iniciativa exclusiva de caráter orçamentário	Não	Sim
• Iniciativa exclusiva de caráter tributário	Não	Sim
• Emendas constitucionais	Não	Sim
• Editar medidas provisórias	Não	Sim
• Editar leis delegadas (o Congresso Nacional delega competências legislativas ao presidente)	Não	Sim
• Solicitar urgência dos projetos de lei	Não	Sim
• Impor restrições a emendas orçamentárias	Não	Sim

(continua)

(Quadro 1.3 – conclusão)

Direitos dos líderes de partido	1946-1964	Pós-1988
Determinar a agenda de plenário	Não	Sim
Representar todos os membros do partido no legislativo	Não	Sim
Restringir emendas e votações em separado	Não	Sim
Retirar as leis das comissões permanentes por meio de pedido de urgência	Restrito	Amplo
Apontar e substituir membros das comissões permanentes	Sim	Sim
Apontar e substituir membros das comissões mistas que analisam medidas provisórias	Não	Sim
Apontar e substituir membros das comissões mistas que analisam o orçamento	Não	Sim

Fonte: Elaborado com base em Figueiredo; Limongi, 2007.

A diferença nas regras é gritante. Os comentaristas da época já ressaltavam as dificuldades enfrentadas pelo Poder Executivo durante o período 1946-1964. Às vésperas da instalação do governo Vargas (1951-1954), o jornalista Heitor Moniz afirmava nas páginas do jornal *A Manhã*: "Fizemos uma constituição em que tudo depende do Legislativo, mas o responsável pelo que acontece ou deixa de acontecer é sempre o Executivo"(Moniz, 1951, p. 7). Diferentemente, a Constituição de 1988 e os regimentos internos dos parlamentos reproduzem uma dinâmica dos trabalhos internos fortemente centralizada no **Executivo** e no papel das **lideranças partidárias**.

Nos próximos capítulos, analisaremos em profundidade cada uma das regras decisórias, bem como mostraremos seus efeitos sobre a produção legislativa. Por ora, vale ressaltar a ideia geral de que "uma centralização maior do processo legislativo significa que os membros do Congresso possuem menor capacidade de influenciar, individualmente, o que, como e quando as propostas do Legislativo serão votadas" (Figueiredo; Limongi, 2007, p. 169). Essa perspectiva, portanto, valoriza a importância das regras formais como variáveis independentes, capazes de produzir efeitos substantivos sobre os agentes políticos e, em última instância, sobre a produção legislativa.

O ponto é importante porque permite ir além das interpretações que focam a debilidade do sistema partidário brasileiro e da escassa institucionalização dos partidos políticos no país. Quantas vezes já não escutamos que os partidos, no Brasil, ou são fracos, ou nem merecem o rótulo? Para muitos, a diversidade de partidos políticos no país (precisamente 35 registrados em 2019) representa um empecilho à governabilidade. Em contraste, o elemento crucial para compreender a atuação dos legisladores no Congresso Nacional são as regras que ditam o tom do processo de produção das leis, as quais, como vimos, centralizam a dinâmica legislativa nas mãos dos partidos e seus líderes. Em vez de decisões tomadas por coalizões *ad hoc* – também chamadas de *coalizões legislativas*, por serem formadas ocasionalmente para deliberar políticas pontuais –, surgem decisões coletivas de coalizões cujos membros votam de forma coesa, de acordo com a orientação das lideranças de partido. Isso significa que o impacto dos partidos sobre os trabalhos legislativos e a atuação de seus membros é fundamental para entender a produção das leis. Vejamos se, de fato, os partidos conseguem controlar seus membros.

A literatura costuma usar o **índice de Rice** para medir coesão partidária. Ele leva em conta apenas o comportamento dos deputados que votaram a favor ou contra uma matéria em deliberação, desconsiderando os casos de obstrução parlamentar, as ausências e a abstenção declarada. O índice é obtido por meio da subtração da porcentagem de votos *não* (n) dados pelos membros de um partido da porcentagem de votos *sim* (s) registrados pelo mesmo partido (p) em uma votação nominal (v), ou seja:

$$R\ v, p = |\% \text{ de votos } sim - \% \text{ de votos } não|.$$

Isso significa que o índice varia de 0 (zero) a 100 (cem). Um partido atinge 100% quando todos os seus membros votam do mesmo modo. Na contramão, o índice de Rice de um partido será zero caso metade de seus membros vote a favor e a outra metade vote contra a mesma medida que esteja em votação nominal.

Cabe lembrar que, no Brasil, há três tipos de votação: secreta, simbólica e nominal. Na votação **secreta**, o deputado dá seu voto em cédula anônima e a deposita dentro de uma urna à vista do plenário. Somente o resultado final, após a apuração, vem a conhecimento público. A votação **simbólica** refere-se à situação em que o presidente da Câmara, ao anunciar uma votação, determina que os deputados favoráveis à aprovação permaneçam como estão, proclamando o resultado manifesto dos votos. Por fim, na decisão **nominal**, os deputados devem votar eletronicamente, registrando *sim*, *não* ou *abstenção* no botão que acessam da própria bancada. Portanto, votações nominais são situações em que os legisladores ficam mais expostos, pois os votos dados passam para o painel eletrônico e tornam-se conhecidos por todos os presentes à sessão, ficando, posteriormente, registrados também nos Anais da Casa.

Antes de qualquer decisão a ser votada nominalmente, os líderes de partido informam a seus membros como votar. Se o partido fecha questão, significa que todos os membros daquele partido devem votar de acordo com a posição expressa pela liderança do partido.

O índice de Rice leva em conta apenas os legisladores que votam de fato, desconsiderando casos de obstrução e abstenção. Quanto mais próximo de 100%, maior o número de membros de um partido votando igual e, por extensão, maior a coesão partidária. Em contrapartida, quanto mais próximo de zero, mais divididos estão os membros de um partido em determinada votação. A Tabela 1.4, a seguir, reporta os dados para os partidos durante a democracia de 1946.

Tabela 1.4 – Índice de Rice das votações nominais na agenda do Executivo por governos (1946-1964)

Governos	Partidos (1946-1964)				
	UDN	PR	PSD	PSP	PTB
Gaspar Dutra	47,3		85,8		62,5
Getúlio Vargas	42,7		55	69,9	55,5
Café Filho	50,2	61,5	55,5	52,9	58,8
Nereu Ramos	80,6		86,5	82,9	82,1
Juscelino Kubitschek	53,6	73,6	64,7	61,8	61,9
Jânio Quadros		73,3	24,7	57,1	51,4
João Goulart	56,9	31,9	45,4	62,4	88,6

Fonte: Figueiredo; Limongi, 2007, p. 169.

Os dados revelam o baixo índice de coesão partidária no período 1946-1964. A literatura reitera esse diagnóstico, inclusive, para matérias legislativas de autoria do Poder Legislativo. Na média, os maiores partidos da época apresentavam índices de Rice abaixo de 70 (Figueiredo; Limongi, 2007; Santos, 2003). Será que a hipótese do aumento dos constrangimentos institucionais sobre a ação individual dos legisladores no pós-1988 confirma-se na análise do índice de Rice? A Tabela 1.5, a seguir, ajuda a esclarecer essa questão.

Tabela 1.5 – Índice de Rice das votações nominais na agenda do Executivo por governo (1988-2002)

Governos	Partidos (1988-1996)						
	PPB	PFL	PTB	PMDB	PSDB	PDT	PT
Sarney	71,4	82,2	66,5	68,7	64,9	79,7	100,0
Collor	79,1	81,7	70,1	72,0	72,3	85,0	97,3
Itamar	66,7	65,2	65,7	77,6	79,2	81,4	95,9
FHC I	67,7	91,3	81,2	64,8	87,0	88,3	98,4
FHC II	84,4	92,9	75,6	74,6	94,5	91,1	99,0
Lula I	71,7	70,7	80,9	75,3	73,3	93,8	92,3

Fonte: Figueiredo; Limongi, 2007, p. 170.

Os números revelam uma mudança evidente em relação a 1946-1964: as taxas de coesão partidária, no Brasil, para a democracia de 1988, são extremamente altas. Embora a cobertura crítica da imprensa e até mesmo os resultados do Latinobarómetro[5] revelem uma descrença generalizada da população sobre o Congresso Nacional, os partidos políticos votam de forma coesa nas sessões legislativas. Os próprios legisladores, quando questionados sobre o caso em que o partido decide fechar questão sobre uma matéria em votação usando do recurso da fidelidade partidária, tendem a considerar a posição do partido mais relevante do que as preferências pessoais (Ricci; Lemos, 2011). Estudo sobre o Senado Federal também confirma essa tendência (Neiva, 2011).

A questão imediata que se segue desse quadro é entender o passo a passo da construção da coesão partidária. Os próximos capítulos mostrarão que a resposta está justamente nas regras do processo

---
5   O Latinobarómetro é uma organização não governamental (ONG) situada no Chile responsável por conduzir estudos de opinião pública em 18 países da América Latina desde 1995.

decisório que centralizam os trabalhos legislativos na figura dos líderes partidários. Trata-se dos atores políticos que não apenas conseguem controlar a pauta de discussão e votação nas sessões legislativas, mas também regulam os direitos e os recursos dos legisladores, desde o tempo de discurso na tribuna até cargos em comissões, por exemplo. Para poder continuar atuante, o legislador não tem outra opção senão seguir a orientação de seu líder, sob pena de ser alijado dos trabalhos legislativos.

Isso não significa a ausência de negociação política, pois, da mesma forma que o líder partidário negocia a coesão distribuindo recursos de poder, os partidos da coalizão governista também negociam com o partido do presidente o preço de sua permanência no governo. Em vez da contraposição clássica entre agenda do Executivo *versus* agenda do Legislativo, ou política do presidente *versus* política do Congresso, o estudo do comportamento da coalizão de governo revela que faz mais sentido falar em **agenda da maioria legislativa** ou **política da coalizão governista**. Assim como na formação do gabinete ministerial no parlamentarismo os partidos dos ministros dividem a responsabilidade sobre as políticas, a distribuição de pastas ministeriais, no presidencialismo de coalizão pelo partido do presidente da República, cria uma responsabilidade compartilhada pela agenda política. Essa é a agenda da maioria.

Síntese

Neste capítulo, abordamos dois aspectos centrais para o entendimento da produção legislativa: (1) formação de coalizões e (2) regras procedimentais. A mensagem é clara: formar coalizões majoritárias não garante, por si só, o sucesso legislativo do governante. Qualquer mudança do *status quo*, em termos de política pública, depende da interseção entre preferências da coalizão e regras procedimentais que delimitam o que os legisladores podem e não podem fazer.

Em termos mais gerais, neste capítulo, você estudou que o funcionamento das instituições representativas tem-se pautado na clivagem governo *versus* oposição. Isso nos permite deixar de lado interpretações pessimistas sobre o funcionamento das instituições brasileiras que, nos anos 1990, apostavam em um modelo de tomada de decisão em um Congresso caótico e, essencialmente, centrado em coalizões *ad hoc*. Obviamente, há inúmeras críticas ao funcionamento do presidencialismo de coalizão no Brasil. Trinta anos após publicar o artigo que deu origem ao debate sobre o assunto, Sergio Abranches voltou a tratar do tema no livro *O presidencialismo de coalizão* (2018). Em uma análise focada, nos termos dele, em "fazer o balanço dos vícios e virtudes de nossa ainda jovem democracia", o autor ressalta que, apesar dos avanços, a construção dos compromissos inerentes à formação da coalizão, às vezes, dificulta soluções inovadoras e o enfrentamento dos conflitos políticos e sociais dos nossos dias (Abranches, 2018).

As críticas maiores direcionam-se para os altos custos de gerenciamento da coalizão. Em particular, os legisladores agiriam como intermediários políticos entre a federação e as instâncias locais, em busca de benefícios e recursos para seus redutos eleitorais. Algo que, em última instância, favoreceria o clientelismo e a busca por cargos não apenas ministeriais, mas também na própria burocracia federal por meio do mecanismo da nomeação em cargos de confiança. Nesse sentido, a estabilidade da coalizão estaria condicionada à manutenção de uma dinâmica centrada na negociação constante por recursos fiscais, o que favoreceria a corrupção.

Neste capítulo, evidenciamos como se formam coalizões, mas não como as regras procedimentais são desenhadas. Como definir quem tem poder de agenda e qual a escolha procedimental para, por exemplo, votar as matérias no plenário são questões que você vai encarar nos próximos capítulos.

Questões para revisão

1. Explique a noção de presidencialismo de coalizão à luz das teorias da formação dos governos.

2. Explique a importância da construção de coalizões majoritárias para a governabilidade no Brasil.

3. Indique se as afirmações a seguir são verdadeiras (V) ou falsas (F).

    ( ) O Brasil é um dos poucos países no mundo em que, para governar, o presidente deve adotar uma postura conciliatória, criando um governo de coalizão amplo.

    ( ) Governos minoritários são, por natureza, instáveis e caracterizam-se pela ingovernabilidade.

    ( ) O índice de Rice revela o baixo índice de coesão partidária no período 1946-1964, mas, para o período atual, pode-se afirmar o contrário.

    ( ) As diferenças entre 1945-1964 e a democracia atual podem ser vistas pelas regras que direcionam os trabalhos legislativos previstas nas respectivas constituições (de 1946 e de 1988), juntamente aos regimentos internos da Câmara dos Deputados.

    Agora, assinale a alternativa que corresponde à sequência correta:

    a) F, V, V, V.
    b) V, V, V, F.

c) V, V, F, V.
d) F, F, V, V.
e) F, V, V, F.

4. Indique se as afirmações a seguir são verdadeiras (V) ou falsas (F).

   ( ) A Constituição de 1946 garantia ao presidente da República os mesmos poderes gozados pelos presidentes nos dias de hoje.

   ( ) Com exceção do caso de Fernando Collor, todos os partidos dos presidentes brasileiros conseguiram montar coalizões majoritárias ao longo de seus mandatos.

   ( ) A distribuição de cargos no gabinete presidencial, levando-se em conta o tamanho dos partidos no Congresso, é uma prática comum em vários países.

   ( ) A fragmentação partidária (número de partidos que fazem parte da coalizão governamental) e as diferenças ideológicas entre os componentes da coalizão explicariam a *performance* dos governos.

   Agora, assinale a alternativa que corresponde à sequência correta:

   a) V, F, F, V.
   b) F, V, V, V.
   c) F, F, V, V.
   d) V, V, F, V.
   e) V, F, V, V.

5. Indique se as afirmações a seguir são verdadeiras (V) ou falsas (F).

( ) As indagações a respeito do papel das regras decisórias e da ação dos partidos políticos no Brasil permite questionar a ideia de que exista uma diferença profunda entre o regime presidencial e o parlamentar.

( ) As taxas de coesão partidária no Brasil para a democracia de 1988 são extremamente altas em relação às do período 1946-1964.

( ) As políticas públicas no pós-1988 são produtos de coalizões legislativas formadas ocasionalmente para deliberar políticas pontuais.

( ) A capacidade decisória da coalizão de governo, de seus líderes e do próprio presidente da República decorre das regras estabelecidas para produzir as leis.

Agora, assinale a alternativa que corresponde à sequência correta:

a) V, F, V, F.
b) V, V, V, F.
c) V, V, F, V.
d) F, V, F, V.
e) F, F, V, F.

Questões para reflexão

1. O presidente Jair Bolsonaro fez campanha criticando "a velha forma de se fazer política" e continua afirmando, desde sua posse, que não pretende formar um governo negociando cargos ministeriais. Essa atitude o diferencia dos presidentes

anteriores. À luz das considerações expostas neste capítulo, centradas sobre a necessidade de os presidentes montarem coalizões para governar e implementar uma agenda de políticas públicas, como você avalia a decisão do presidente Bolsonaro em inovar a respeito do *modus operandi* de seus antecessores?

Para saber mais

ABRANCHES, S. Presidencialismo de coalizão: o dilema institucional brasileiro. **Dados**, Rio de Janeiro, v. 31, n. 1, p. 5-38, 1988.

ABRANCHES, S. **O presidencialismo de coalizão**: raízes e evolução do modelo político brasileiro. São Paulo: Companhia das Letras, 2018.

O artigo e o mais recente livro de Sérgio Abranches constituem referências no debate sobre o presidencialismo de coalizão no Brasil. Se o artigo deu início ao debate, o livro apresenta uma síntese valiosa do estado da arte e, ao mesmo tempo, aprofunda questões sobre as dificuldades do funcionamento da democracia no Brasil atual.

FIGUEIREDO, A. C.; LIMONGI, F. Instituições políticas e governabilidade: desempenho do governo e apoio legislativo na democracia brasileira. In: SÁEZ, M. A.; MELO, C. R. (Org.). **A democracia brasileira**: balanço e perspectivas para o século 21. Belo Horizonte: Ed. da UFMG, 2007. p. 147-198.

SANTOS, F. G. M. **O poder legislativo no presidencialismo de coalizão**. Belo Horizonte: Ed. da UFMG, 2003.

Argelina Figueiredo, Fernando Limongi e Fabiano Santos podem ser considerados os precursores de uma agenda que defende a importância do estudo das instituições representativas no Brasil sem juízos de valor ou abordagens normativas. Os trabalhos desses autores permitiram apresentar um Congresso Nacional sob ótica diferente, decifrando, especialmente, o funcionamento interno da Câmara dos Deputados com base em uma lógica partidária centrada no formato das relações entre Executivo e Legislativo.

TSEBELIS, G. **Atores com poder de veto**: como funcionam as instituições políticas. Rio de Janeiro: Ed. da FGV, 2009.

Trata-se de um clássico da ciência política. Esse livro permite deixar de lado as formas clássicas de pensar as diferenças entre os países (do parlamentarismo ao presidencialismo; do bicameralismo ao unicameralismo etc.) para refletir sobre o papel dos atores políticos individuais e coletivos, que, condicionados pelas regras do jogo, atuam nas Casas Legislativas.

Capítulo 2

Organização interna
dos parlamentos
em perspectiva histórica

Conteúdos do capítulo:

- Conceitos básicos sobre parlamentos.
- Trajetória histórica da organização dos trabalhos legislativos.
- Definição de poder de agenda.

Após o estudo deste capítulo, você será capaz de:

1. analisar o caso brasileiro em perspectiva comparada;
2. entender a lógica de funcionamento do Congresso Nacional.

No capítulo anterior, abordamos as características do presidencialismo de coalizão. Você possivelmente constatou que nem a distinção entre presidencialismo e parlamentarismo, nem a teoria da separação dos poderes ajudam a entender a capacidade decisória e a produção legislativa em experiências de presidencialismo de coalizão como a brasileira. Em vez disso, torna-se necessário prestar atenção em como se constroem as coalizões de governo. Também já antecipamos a moeda de troca na construção dessas coalizões: os recursos de poder delimitados no conjunto dos dispositivos constitucionais e dos regimentos internos dos parlamentos, que concentram poderes legislativos no Executivo e nos líderes dos partidos políticos.

A literatura disponível mostra justamente que a governabilidade no presidencialismo de coalizão é resultado da existência dessas regras atribuindo tanto a competência legislativa ao próprio presidente quanto a centralização dos trabalhos das Casas Legislativas aos líderes partidários, sem deixar margem para a ação individual dos legisladores eleitos. Trata-se de constrangimentos institucionais que estimulam a colaboração entre os poderes Executivo e Legislativo e a coesão partidária nas votações das matérias legislativas. Mais do que isso: as regras constitucionais e regimentais estimulam a formação de coalizões de governo responsáveis pela agenda da maioria legislativa, embora o partido do presidente possa, originalmente, buscar apoio para aprovar as políticas de seu interesse, precisará negociar uma agenda de trabalho comum com os outros partidos que vierem compor a coalizão. Na prática, isso significa que não existe mais separação clara das agendas políticas. Deixa de fazer sentido pensar em agenda do presidente *versus* agenda do Congresso Nacional, pois, uma vez formada a coalizão de governo, os partidos que a compõem dividem os bônus e os ônus de uma agenda legislativa compartilhada.

Neste capítulo, o o ponto central reside na organização dos parlamentos em perspectiva comparada e histórica, afinal, o arranjo institucional que observamos nos dias de hoje é, na verdade, o produto de uma mudança das regras contínuas que caracterizaram as Casas Legislativas desde pelo menos o século XIX. Nosso objetivo é esclarecer como as mudanças dessas regras que regem os trabalhos legislativos foram feitas com relação ao impacto sobre a atividade legislativa.

No Capítulo 3, abordaremos em detalhe como essas regras influenciam o processo legislativo no caso do Brasil.

(2.1)
Teorias sobre a organização dos trabalhos legislativos

Embora as cartas constitucionais, geralmente, estabeleçam algumas diretrizes básicas com relação à elaboração das leis, são os regimentos internos dos parlamentos que detalham, de fato, o passo a passo do processo legislativo. O texto da seção *Importante!* esclarece a centralidade dos regimentos como mecanismos centrais para entendermos o processo legislativo. Essa autonomia que as Casas Legislativas têm de definir por conta própria, no corpo dos respectivos regimentos internos, as regras e os procedimentos do processo legislativo costuma aparecer explicitamente nas constituições. Nos Estados Unidos, por exemplo, o art. I, seção 5, da Constituição, estabelece que "cada casa pode determinar as regras dos seus procedimentos"[1].

A Constituição brasileira de 1988 também segue a lógica, determinando, em seu art. 51, que "compete privativamente à Câmara dos Deputados elaborar seu regimento interno" e, repetindo a fórmula

---

1   Constituição dos Estados Unidos, art. I, seção 5, tradução nossa.

no art. 52, relativo às competências do Senado: "compete privativamente ao Senado Federal elaborar seu regimento" (Brasil, 1988). O padrão é que o texto constitucional estabeleça a **repartição das competências legislativas** e os regimentos internos adaptem-se a ele, criando o respectivo trâmite legislativo. Na França, o regimento interno da Assembleia Nacional remarca a prerrogativa legislativa do Poder Executivo sobre o parlamento em várias matérias predeterminadas pela Constituição de 1958.

O mesmo acontece no caso brasileiro, com os regimentos das duas Casas do Congresso Nacional seguindo a Constituição de 1988 ao delimitar as competências e prerrogativas dos poderes Executivo e Legislativo.

> **Importante!**
>
> **Regras e regimentos internos: uma velha história**
>
> Desde a Idade Média, os parlamentos já estabeleciam procedimentos organizacionais detalhados para reger o exame das petições públicas e dos projetos de lei apresentados pelos legisladores. Também datam daquela época as primeiras regras escritas conhecidas sobre a forma de conduzir os trabalhos legislativos que procuravam organizar, minimamente, a ação em plenário disciplinando, por exemplo, o tempo e a ordem de inscrição para tomar parte dos debates na tribuna, bem como os procedimentos para votar projetos de lei. No clássico *An introduction to procedure of the house of commons*, Lord Campion (1958) descreve o desenvolvimento dos procedimentos legislativos na Inglaterra desde o século XIV. Um mapeamento da trajetória das regras regimentais no Brasil pode ser encontrado nos dois volumes do livro *Normas regimentais da Câmara dos Deputados: do império aos dias de hoje*, publicado pela Câmara dos Deputados na série *Memória e Análise das Leis*, de 2017.

> O direito parlamentar tem contribuído na análise do desenvolvimento das regras regimentais. Fica cada vez mais evidente que os regimentos internos dos parlamentos incorporam procedimentos passados, adaptando-se às mudanças ocorridas ao longo dos séculos. Mas o objeto do direito parlamentar não fica restrito aos usos e às normas que regulamentam os trabalhos das Casas Legislativas. Em um sentido mais amplo, o direito parlamentar abrange o estudo da função legislativa, incluindo a revisão constitucional, a função de fiscalização do Executivo, ou a organização constitucional do Estado. O que interessa ao cientista político é entender como as regras foram mudando ao longo do tempo e quais efeitos produziram sobre os atores políticos, isto é, parlamentares e partidos políticos.

Do ponto de vista prático, os regimentos internos, normalmente, condicionam a tomada de decisão às regras da maioria simples (também chamada de *maioria relativa*) ou da maioria absoluta. A **maioria absoluta** corresponde ao primeiro número inteiro acima da metade dos membros de uma casa legislativa. Daí a famosa notação *50% + 1* usada para definir a maioria absoluta. No Brasil, por exemplo, a Câmara dos Deputados tem um total de 513 representantes, o que significa que a maioria absoluta, na Câmara, corresponde a 257 deputados. Seguindo o mesmo raciocínio, o Senado brasileiro, composto de 81 representantes, atinge a maioria absoluta quando 41 senadores votam da mesma forma.

A **maioria simples**, ou relativa, varia consoante o número de legisladores presentes no momento da votação de uma matéria desde que exista quórum simples, isto é, que se verifique a presença de, no mínimo, a maioria absoluta dos legisladores. Retomando o exemplo da Câmara dos Deputados no Brasil, o quórum simples equivale a

257 deputados. Uma decisão por maioria simples, então, poderia ocorrer por meio de qualquer maioria igual ou superior a 129 votos. No caso do Senado, o quórum simples equivale a 41 senadores, e uma decisão por maioria simples ocorre por meio de qualquer número igual ou superior a 21 votos.

Os regimentos internos dos parlamentos, normalmente, adotam a maioria simples como critério de tomada de decisão sobre projetos de lei ordinária. O caso brasileiro é representativo nesse quesito. A Câmara dos Deputados deixa explícito o critério no art. 183 de seu regimento interno, em que taxa que, salvo disposição constitucional em contrário, "as deliberações da Câmara serão tomadas por maioria de votos, presente a maioria absoluta de seus membros" (Brasil, 2019). A regra vale, inclusive, tanto para votações em plenário quanto para deliberações nas comissões legislativas. Isso se repete no caso do Senado, cujo regimento, em seu art. 288, elege a maioria simples como método de tomada de decisão da grande maioria das matérias, como projetos de lei ordinária, medidas provisórias, projetos de resolução e de decretos legislativos. O regimento interno da Assembleia Nacional francesa, em seu art. 68, fixa a maioria simples como norma para tomar decisões. Isso se repete na Câmara dos Deputados italiana, que, no art. 48 de seu regimento interno, adota a maioria simples como regra para as votações. Na contramão, o art. 48 do regimento interno do parlamento da Alemanha estabelece a maioria absoluta como critério de tomada de decisões.

Maiorias superiores à maioria absoluta, geralmente, são exigidas para decidir questões consideradas mais importantes, ou extraordinárias, como propostas de emendamento constitucional, por exemplo. Trata-se das chamadas *maiorias qualificadas*, ou *quórum qualificado de votação*, calculadas sobre o total de votos possíveis, e não do número de legisladores presentes. As maiorias qualificadas estabelecem frações mínimas de votos necessários para aprovar determinadas matérias legislativas. No Brasil, por exemplo, essas maiorias qualificadas distribuem-se em formatos diferentes: dois terços (2/3), dois quintos (2/5) e três quintos (3/5). Pelo regimento interno da Câmara dos Deputados, torna-se necessário conseguir o apoio de 2/3 dos 513 deputados, o que equivale a 342 (67%) dos integrantes da Casa, para uma acusação ao presidente da República começar a tramitar. O quórum de 2/5 dos deputados, isto é, 206 (40%) deles, aparece como uma previsão constitucional para se deliberar matérias de concessões de radiodifusão no país. Por fim, exige-se maioria de 3/5 dos deputados, o correspondente a 308 (60%) dos assentos na Câmara, para se levar adiante um projeto de emendamento constitucional. O Senado brasileiro também associa quóruns específicos conforme o assunto da matéria em deliberação. Tal como na Câmara, por exemplo, as propostas de emenda constitucional exigem aprovação de 3/5 dos senadores, o que significa 49 (60,5%) deles.

A literatura sobre processo legislativo enfatiza a importância da regra majoritária na regulação das interações entre os atores envolvidos na arena legislativa. Trata-se de um critério respeitável porque "a decisão da maioria irá contar como uma razão para aceitar a decisão como legítima" (Cohen, 1997, p. 414). Isso torna-se estratégico para agregar as preferências individuais e chegar a um resultado final aceitável. Os teóricos da democracia reconhecem, na regra da maioria, a legitimidade da decisão política, já que ela garante a mudança do *status quo* em um contexto pluralista.

Passar da teoria à prática, porém, tem seus desafios. Um exemplo ajuda a entender o grau de dificuldade de se compor maiorias legislativas. Suponha um país fictício Z, com uma Câmara dos Deputados formada por 100 membros e sem partidos políticos nem coalizões de governo, mas onde esteja em pauta um projeto de lei legalizando o aborto, proibido em qualquer hipótese. Você imagina como esses 100 deputados conseguiriam formar uma maioria para decidir esse projeto de lei? Resolver essa questão polêmica exigiria formar uma opinião coletiva por meio de potenciais divergências pessoais.

Agora, imagine que ficassem claras três tendências gerais de opinião nesse grupo de 100 deputados no país Z. Uma corrente de opinião mais **conservadora** (C) continuaria militando pela manutenção do *status quo*, isto é, posicionando-se pela manutenção da criminalização do aborto, proibido em qualquer hipótese. Outra corrente, mais **moderada** (M), iria posicionar-se pela legalização do aborto apenas em casos de risco à vida materna e de estupro. Por fim, a corrente mais **liberal** (L) iria engajar-se na defesa da legalização do aborto não apenas em casos de risco à vida materna ou de estupro, mas também em casos de fetos anencéfalos. Cada deputado tem uma ordem de preferências pré-fixada.

A Tabela 2.1, a seguir, apresenta a força numérica dessas três correntes de opinião na Câmara quando elas forem ordenadas.

Tabela 2.1 – Distribuição das preferências dos deputados na questão do aborto

Grupo	Ordem de preferências para as três alternativas	Deputados (n)
(I)	M > L > C	40
(II)	C > M > L	30
(III)	L > C > M	30

Imaginemos que se votem as três opções por pares e que o critério para a tomada de decisão seja a regra majoritária. Contrapondo-se M a L, observamos que a preferência da corrente mais moderada (M) supera a preferência da corrente mais liberal (L) (por 70 a 30). Mas, ao escolher entre C e M, a primeira é que prevalece (60 contra 40), e, ao se votar entre L e C, a primeira é vitoriosa (70 a 30). Esse exemplo serve para mostrar que, às vezes, não existe apenas uma alternativa ganhadora sobre as demais em determinadas votações, ainda que as preferências individuais sejam conhecidas e que se adote um mecanismo de votação que defina, claramente, qual a opção vitoriosa (regra da maioria). Trata-se do que a literatura chamou de *maiorias cíclicas*.

O problema das **maiorias cíclicas** foi, originalmente, apresentado pelo marquês de Condorcet, um filósofo, legislador e matemático do século XVIII, que abriu caminho para uma reflexão teórica mais ampla sobre as dificuldades que o dilema da ação coletiva colocava para a regra da maioria, que nem sempre daria conta de estabelecer um único ganhador.

Na década de 1950, Kenneth Arrow revisitou esse debate e desenvolveu um teorema (o *teorema da impossibilidade de Arrow*) procurando demonstrar que as decisões coletivas não representam a mera agregação das preferências individuais dos legisladores (Arrow, 1951). O exemplo das preferências sobre a legalização do aborto ilustra justamente como a regra da maioria pode gerar situações de desequilíbrio no processo decisório, inviabilizando uma escolha coletiva.

Entretanto, os estudos sobre comportamento legislativo têm demonstrado que, raramente, ocorrem maiorias cíclicas. A dificuldade de produzir decisões coletivas é a **exceção**, e não a regra. Gordon Tullock (1981) problematizou essa constatação em um trabalho estrategicamente intitulado pela pergunta *Por que tanta estabilidade?*. A resposta apresentada pelo autor ao problema de ação coletiva colocado pela adoção da regra da maioria nas Casas Legislativas desloca o foco para o controle sobre a agenda dos trabalhos legislativos. Tullock (1981) mostra como a concentração do poder de decidir os termos da apresentação e votação das propostas legislativas em poucos atores-chave combate a paralisia decisória, levando à governabilidade.

Você deve estar perguntando: Como assim? Retomar o exemplo fictício da pauta da legalização do aborto no país Z ajuda a esclarecer o ponto de Tullock. Suponha, agora, que o regimento interno da Câmara dos Deputados daquele país dê ao deputado que se tornar presidente dos trabalhos legislativos na Casa (o presidente da Câmara) a prerrogativa de decidir a ordem das alternativas em votação. Assuma também que o mesmo regimento interno proíba o retorno de alternativas derrotadas à pauta de votação. Por fim, admita a possibilidade de esse presidente da Câmara preferir, pessoalmente, a alternativa mais moderada (M), embora conheça bem a distribuição das preferências em plenário, onde os moderados perdem dos conservadores (C), que, por sua vez, perdem para os liberais (L). Se quiser condicionar o resultado da votação, basta ao presidente da Câmara instrumentalizar seu poder de agenda sobre a pauta das votações e colocar em votação, primeiro, a alternativa liberal, que, pela ordem das preferências, derrotará a proposta dos conservadores. Sucessivamente, o presidente colocará em pauta de votação a alternativa L e M, e a primeira perderá para a mais moderada. Vencerá, assim, a preferência defendida pelo presidente da Câmara, isto é, a mais moderada, embora ela esteja derrotada perante a mais conservadora.

O ponto equivale a dizer que, na prática, o presidente da Câmara controla o resultado final *a priori*, desde o início do processo de votação. Isso revela a importância do momento em que se escolhe quem será o presidente da Câmara ou do Senado. Veremos, no próximo capítulo, como essa escolha, no caso do presidencialismo de coalizão brasileiro, é fruto de uma barganha entre os partidos e que, para o governo, torna-se crucial eleger para o cargo um de seus correligionários.

Geralmente, os presidentes dos parlamentos concentram amplos poderes de agenda, porém existem outros arranjos possíveis e, não necessariamente, excludentes quando se trata de poder sobre a agenda legislativa. O trabalho seminal de Kenneth Shepsle e Barry Weingast em 1987, por exemplo, chamou a atenção para a concentração de poderes de agenda em órgãos técnicos de atividade legislativa: as **comissões permanentes**. Os autores se detiveram no estudo do caso americano para desafiar a linha de interpretação dominante na época que creditava a capacidade de tomada de decisão nas comissões ao chamado *logrolling*. Isto é, a troca de favores entre os legisladores para cada um conseguir aprovar as leis de seu próprio interesse e manter-se em dia com as promessas de campanha visando à reeleição. Shepsle e Weingast (1987) mostram como o argumento do *logrolling* não dá conta de explicar a tomada de decisão das comissões tanto porque esse tipo de troca de favores pode gerar maiorias cíclicas quanto porque pode ficar comprometido em razão da incerteza eleitoral, um balde d'água para qualquer negociação preliminar.

Na contramão, argumentam que o sistema de comissões traz mais clareza de informação para os legisladores sobre as opções de políticas possíveis, facilitando a tomada de decisão. Isso porque as comissões permanentes são criadas em torno de áreas temáticas (como Constituição e justiça, finanças e tributação, viação e transportes etc.) com autoridade para discutir e votar as matérias legislativas sob sua respectiva alçada antes do assunto seguir à consideração do plenário. Elas acabam concentrando, assim, um poder de agenda substantivo, na medida em que atuam como um miniplenário, ou uma miniassembleia, analisando em primeira mão as políticas propostas e chegando até a decidi-las em caráter terminativo, isto é, sem a necessidade de esperar a manifestação posterior do plenário.

Portanto, a governabilidade nos parlamentos tem sido alcançada graças à concentração dos poderes de agenda em torno de atores-chave no processo legislativo – e não em virtude da regra da maioria. Existe uma distribuição do poder que viabiliza a tomada de decisão coletiva. Não se chega a uma posição final pela simples agregação de escolhas individuais. Os resultados políticos decorrem de uma estrutura de incentivos que limita a ação individual dos legisladores.

(2.2)
PODER DE AGENDA: CONCEITOS

Segundo Santos e Borges (2018, p. 11), "o poder de agenda, portanto, nada mais é do que o poder distribuído a determinados atores por um conjunto de regras para que esses atores possam viabilizar e estabilizar processos decisórios realizados via voto". Para entender o argumento, vale uma reflexão mais detida sobre os diferentes formatos que o poder de agenda adquire atualmente nas Casas Legislativas. Tendo como foco privilegiado o problema da aprovação das leis, podemos distinguir dois tipos de poderes, aparentemente, opostos entre si.

De um lado, o **poder de agenda positivo**, que abarca o conjunto das normas que aceleram ou asseguram a votação de um projeto de lei no plenário.[2] No Reino Unido, por exemplo, as emendas são postas em votação por pares de alternativas, sendo removidas as derrotadas. Entre o poder de agenda positivo também deve ser considerada a prerrogativa de determinar a agenda de plenário, isto é, o volume de projetos que serão apreciados pelo plenário das Casas Legislativas (Doring, 1995).

---

2 *Aqui, partimos de um cenário ideal onde o lugar da decisão final é o plenário, e não as comissões permanentes, deixando de considerar o caso extremo em que as comissões têm de decidir terminativamente sobre a matéria, sem que o plenário se manifeste.*

De outro lado, existe o **poder de agenda negativo** (ou direitos de vetar), que inclui o conjunto dos mecanismos que permitem vetar/atrasar o debate e, eventualmente, a votação dos projetos de lei em plenário.

O Quadro 2.1, a seguir, objetiva sintetizar alguns dos poderes de agenda presentes nos parlamentos atuais. Observe:

Quadro 2.1 – Exemplos de poderes de agenda

I. Poderes de agenda positivos	II. Poderes de agenda negativos
Definição das matérias que serão votadas pelo plenário (fixa ordem do dia) *França. Art. 48 da Constituição e art. 48, c. 6 do RI*: "A ordem do dia das Assembleias compreende por prioridade e na ordem fixada pelo governo a discussão dos projetos de leis apresentados pelo governo e daqueles aceitos por ele". *Alemanha. Art. 20 do RI*: "A data e a ordem do dia de cada sessão do Bundestag são concordatas no Conselho dos Anciãos (Ältestenrat)", composto pelo Presidente, o vice-presidente e outros 23 parlamentares designados de acordo com a consistência numérica de cada partido.	Limites ao uso da palavra *Espanha. Art. 118 do RI*: "A discussão no plenário poderá se iniciar com a apresentação da iniciativa do governo". **Controle do governo sobre o conteúdo das propostas orçamentárias** *França. Art. 40 da Constituição*: "As propostas e as emendas formuladas pelos membros do Parlamento não são admissíveis quando a aprovação deles implique seja numa diminuição dos recursos públicos seja na criação ou agravação de um encargo público" (ver art. 81 do RI). *Espanha. Art. 133 do Regimento*: "As emendas ao projeto de Lei Orçamentário que impliquem a diminuição das entradas requerem o consentimento do governo para ser examinadas".

(continua)

(Quadro 2.1 – conclusão)

| Pedidos de urgência
França. Art. 45 da Constituição e art. 102 do RI: "O governo pode declarar a urgência até o fechamento da discussão geral, com uma comunicação endereçada ao Presidente que imediatamente informa a Assembleia". *Espanha. Art. 93*: "A pedido do governo, de dois grupos parlamentares ou de 1/5 dos deputados, a Mesa do Congresso dos Deputados poderá decidir que um argumento seja examinado com procedimento de urgência".
Pedido de voto de confiança em regimes parlamentares*
França. Art. 49,3 da Constituição: "O primeiro-ministro, prévia deliberação do Conselho dos Ministros, compromete, perante a Assembleia nacional, a responsabilidade do Governo perante o seu programa ou eventualmente sobre declaração de política geral [...] ou sobre a votação de um texto".
i.iv. Controle dos tempos de tramitação (*Package vote*)
França. Art. 44, c. 3: "Se o governo o pedir, a Assembleia se pronuncia com uma única votação sobretudo ou parte do texto em discussão com as emendas propostas ou aceitas pelo governo". | **Restrições à apresentação de emendas, moções**
Reino Unido. Art. 34: "Caso seja apresentada uma moção para prolongar a discussão [...], tal discussão será limitada ao objeto desta moção; e nenhum deputado que tenha apresentado similar moção terá faculdade de apresentar outra análoga na mesma discussão". *França. Art. 98 do RI*: "As emendas e subemendas são admissíveis apenas se aplicam ao texto a que se referem ou, no caso de artigos novos, quando vertentes o projeto". Trata-se do uso estratégico do voto de confiança utilizado por muitos primeiros-ministros em regimes par-lamentares. Para acelerar a decisão final e, também, encerrar eventuais divergências internas à coalizão que apoia o governo, o primeiro-ministro pode pedir, prévia deliberação do Conselho dos Ministros, que o voto dado sobre uma matéria implique responsabilidade do governo. Isso obriga a maioria parlamentar a decidir para votar a favor ou contra a norma, sendo que neste último caso a consequência é a derrubada do governo. Para um ótimo tratamento teórico e empírico desta prática ver Huber (1996); Diermeier e Feddersen (1998). |

Fonte: Ricci, 2015, p. 29.

Em razão dos diferentes formatos que adquirem o poder de agenda positivo e o negativo, podemos afirmar que a estrutura dos trabalhos legislativos pode ser de tipo mais ou menos centralizada (Cox, 2006; Doring, 1995). Uma centralização das funções legislativas implica a existência de poucos atores representantes legislativos detentores do monopólio da agenda. Assim, quando os líderes partidários, ou o próprio presidente da assembleia, concentram fortes poderes, observamos um contexto de controle da agenda elevado. Entretanto, esse contexto também pode aparecer em regimes presidencialistas nos quais os presidentes da República concentram fortes poderes de agenda.

Os presidentes latino-americanos representam um bom exemplo do gênero, dadas, sobretudo, as prerrogativas que eles detêm de iniciar o projeto orçamentário e de elaborar decretos-leis (Negretto, 2013). Conforme aumenta a capacidade individual dos legisladores em influenciar a definição da agenda, paralelamente à capacidade experimentada pelos líderes partidários e pelo Poder Executivo, observa-se uma organização dos trabalhos parlamentares mais **descentralizada**. Do ponto de vista da compreensão de como as Casas Legislativas operam, portanto, o problema empírico iminente é entender as variações no grau de centralização/descentralização presente.[3]

---

3 *Para a tentativa de mapear o nível de descentralização da capacidade legislativa parlamentar de um país, ver o trabalho de Doring (1995).*

(2.3)
RACIONALIZAÇÃO DOS TRABALHOS LEGISLATIVOS NO DECURSO DA HISTÓRIA

A literatura aponta uma mudança na distribuição dos poderes de agenda nos parlamentos. Originalmente, as regras regimentais davam mais espaço para a ação individual dos legisladores. Com o tempo, porém, o partido político passou a ganhar protagonismo nos regimentos internos, concentrando mais poderes de agenda do que os legisladores individualmente. Na linguagem técnica, esse processo ficou conhecido como *tendência à centralização decisória, racionalização dos trabalhos legislativos* ou, ainda, *racionalização parlamentar* (Huber, 1996).

Estudos de caso têm sido consensuais ao demonstrar que a racionalização dos trabalhos legislativos visa à concentração da agenda nas mãos do governo. Do ponto de vista substantivo, racionalizar significa garantir que o governo tenha muito mais poder na condução do processo legislativo em comparação aos legisladores por si próprios.

Racionalizando o Parlamento, por exemplo, é o título que John Huber dá ao seu livro de 1996, que analisa as mudanças regimentais adotadas na passagem para a Quinta República francesa e destaca, justamente, como a redação de novos dispositivos permitiu ao governo condicionar, cada vez mais, a tomada de decisão no interior do Legislativo. No início do século XX, Redslob (1924) já usava a expressão *parlamento racionalizado* para descrever o caso inglês. Em trabalho que atualiza até os dias de hoje a trajetória dos ritos procedurais da Câmara dos Comuns, Josef Redlich (2004, p. XXXII, tradução nossa) mantém o argumento de Redslob sobre a Inglaterra: "A noção fundamental subjacente à mudança foi [...] a tentativa de adaptar a regulamentação e a realização do trabalho parlamentar ao sistema plenamente amadurecido do governo partidário". A análise da Constituição espanhola de 1978 chega a uma conclusão similar: busca-se "um parlamentarismo racionalizado [...] para garantir ao poder Executivo uma forte estabilidade" (Díez-Picazo, 1996, p. 48). Da mesma forma ocorre no caso de Portugal, onde se interpretam as mudanças regimentais que viabilizaram o predomínio majoritário sobre a agenda legislativa e uma desvalorização do plenário frente às comissões como uma "racionalização dos procedimentos" (Leston-Bandeira, 2002). Na contramão, a experiência italiana costuma aparecer na literatura como um caso de racionalização tardia por ter privilegiado, pelo menos até os anos 1980, maior centralidade do parlamento sobre o Executivo (Rebuffa, 2001).

No conjunto, essa literatura associa a tendência à centralização das regras decisórias com a racionalização das relações entre os poderes Executivo e Legislativo. Mais precisamente, entende que "o executivo deve ser visto como um agente da maioria, e o uso dos poderes da agenda legislativa pelo executivo deve ser visto como um instrumento que serve aos interesses da maioria" (Cheibub; Limongi, 2010, p. 39, tradução nossa).

(2.4)
Causas da centralização
dos trabalhos legislativos

O que explica a adoção de regras regimentais que centralizam as funções legislativas nos partidos políticos? Na literatura, existem três linhas de interpretação concorrentes: uma voltada aos efeitos das regras eleitorais, uma estruturalista e outra limitada às dinâmicas internas dos parlamentos.

A primeira delas entende o **arranjo legislativo como produto direto do sistema eleitoral**. De fato, a ciência política vê no formato dos diferentes sistemas eleitorais a variável explicativa para uma série de questões, desde o número de partidos (Duverger, 1954), a fragmentação partidária (Lijphart, 2003), o comportamento dos eleitores (Cain; Ferejohn; Fiorina, 1987), o comportamento dos legisladores (Mayhew, 1974). No caso específico das regras regimentais, a questão aparece nos seguintes termos:

> A descentralização dos trabalhos legislativos predomina em sistemas eleitorais que incentivam o voto pessoal e, na contramão, onde esse incentivo não existe, predomina a centralização das funções legislativas, especialmente nas lideranças partidárias.

Para entender o ponto, é preciso relembrar a forma como os estudos eleitorais comparados diferenciam os sistemas que incentivam ou não incentivam o voto pessoal. Em geral, a literatura identifica o sistema eleitoral proporcional de lista aberta, no Brasil, como o caso típico de sistema eleitoral que incentiva o voto pessoal[4]. Isso porque o eleitor pode escolher, diretamente, o nome ou o número do político no qual votará. Uma possibilidade que abre margem para o eleitor atentar aos atributos individuais dos candidatos em detrimento da filiação política deles. Daí a ideia de que os sistemas eleitorais proporcionais de lista aberta enfraquecem a identificação partidária dos eleitores. Mais do que isso: daí o raciocínio sobre a descentralização dos trabalhos legislativos predominar em sistemas eleitorais centrados na competição entre políticos (e não partidos). Trata-se de uma lógica que deduz do estímulo à ação individual na arena eleitoral a manutenção de um comportamento individualista no plano

---

4   Sobre o funcionamento do sistema eleitoral de lista aberta no Brasil, ver Jairo Nicolau (2006; 2017).

legislativo. Preocupados em se manter autônomos uns dos outros e, especialmente, de partidos políticos, os candidatos eleitos manteriam regras decisórias descentralizadas. Questão de sobrevivência política.

O oposto costuma ser afirmado quanto ao **sistema eleitoral proporcional de lista fechada**, aquele em que o eleitor precisa escolher apenas um partido político e esperar, depois, para saber quem exercerá o mandato. Quando o sistema proporcional adota a lista fechada, a ordem dos candidatos transforma-se em uma decisão reservada ao partido e que não vem a público antes da eleição. Essa saída estimula que o eleitor conheça melhor os partidos e estabeleça um vínculo partidário – algo, teoricamente, desnecessário em sistemas proporcionais de lista aberta.

As diferenças entre as duas fórmulas de representação proporcional levam, por extensão do raciocínio, a se acreditar que os sistemas de lista fechada favorecem a centralização das funções legislativas, privilegiando-se o papel das lideranças partidárias.

Como veremos no próximo capítulo, até há pouco tempo, acreditava-se que o sistema proporcional de lista aberta, no Brasil, estimulava o voto pessoal e, também, uma arena legislativa sem espaço para a ação partidária. A avaliação mudou, mas, aqui, basta antecipar duas críticas. A primeira parte da constatação de que, mesmo em países com regras eleitorais altamente descentralizadas, encontramos alguns dispositivos regimentais conferindo altos poderes aos partidos políticos e aos respectivos líderes no interior do Legislativo. Exemplo disso é o que se passa em vários países europeus que delegam poderes de agenda ao ministro das Finanças durante o processo orçamentário (Hallerberg; Hagen, 1999). A combinação de regras descentralizadas convivendo com alguns dispositivos que concedem poderes aos partidos e lideranças partidárias pode refletir a necessidade de se alcançar um equilíbrio na alocação ineficiente dos recursos, reduzindo o chamado *problema de recursos de estoque comum* (Ostrom, 1990). O texto da Seção *Importante!*, a seguir, discute a questão do problema da alocação eficiente dos recursos.

Dito de outro modo: a centralização de algumas regras regimentais nas mãos do governo parece uma reação racional (do governo) aos incentivos presentes na arena eleitoral que empurram os legisladores para um comportamento individualista capaz de comprometer o ritmo do processo legislativo.

> **Importante!**
>
> **O problema de recursos de estoque comum**
>
> Há amplo consenso na sociedade de que o uso irresponsável dos recursos de estoque comum (como os recursos naturais) por várias pessoas pode levá-los ao esgotamento. Em 1968, Garrett Hardin ilustrava bem o ponto em artigo publicado na revista *Science*. Intitulado *A tragédia dos comuns*, o texto problematizava a questão com base no exemplo dos pastores que levavam rebanhos de ovelhas para pastar. Após um tempo, o uso contínuo daquele recurso público (o pasto) esgotava-se e mais ninguém conseguia usá-lo. Hardin concluía que apenas a privatização do pasto ou, em sentido oposto, a declaração do pasto como área pública, poderia salvar aquele recurso natural. Um argumento que, na prática, opunha Estado e mercado.

> Anos depois, a ganhadora do prêmio Nobel Elinor Ostrom revisitou o assunto de uma perspectiva diferente. Na interpretação dela, os recursos naturais encontravam-se protegidos por um conjunto de instituições coletivas cujas regras e códigos de condutas (o direito consuetudinário) permitiam a manutenção deles. Ao contrário da oposição clássica entre Estado e mercado, Ostrom (1990) apontava para a existência de uma terceira via, a da autogestão cooperativa dos recursos naturais coletivos. Segundo a autora, existem instituições coletivas, isto é, conjunto de regras compartilhadas entre os membros de uma comunidade que permitiriam a autogestão e a sobrevivência dos recursos.
>
> Essa forma de repensar a tragédia dos comuns passou a inspirar o estudo da arena legislativa. Estendendo o raciocínio para o processo decisório, podemos interpretar a adoção de regras que limitam a ação dos políticos como uma escolha racional visando manter certo equilíbrio entre o desejo individual e as necessidades de organizar os trabalhos legislativos para fomentar políticas públicas mais plurais.

Apesar dessa linha de explicação ter avançado bastante na revisão de seus pressupostos, ela falha em reconhecer que a racionalização do processo legislativo é um fenômeno histórico iniciado em muitos países já no século XIX. Bem antes, portanto, da adoção de reformas inclusivas, como o sufrágio universal (estendendo primeiro o acesso ao voto para os homens e, depois, às mulheres) e a introdução do sistema eleitoral proporcional, que facilitou a eleição de partidos menores (inclusive, de oposição).

As outras duas linhas de explicação disponíveis na literatura têm abordagens metodológicas radicalmente opostas. Uma delas é **estruturalista**, pois atribui o processo de racionalização do processo decisório a **mudanças macroestruturais**. Mais especificamente, essa linha explicativa argumenta que as mudanças socioeconômicas desencadeadas pelos processos de industrialização e urbanização obrigam, na prática, o governo a legislar em áreas ignoradas, ou secundárias, até então, como em matéria de políticas social, econômica e financeira. Originalmente pouco voltado à intervenção na sociedade, o Estado liberal passou a ser investido de funções que exigiam ações diretas e contínuas. Por exemplo, demandas para legislar visando à melhor distribuição da renda, salvaguardar a inovação produtiva mediante a adoção de políticas tarifárias, disciplinar o sistema bancário, intervir diretamente na política de extensão da rede ferroviária e das estradas. Cada vez mais, inclusive, o termo *governo* assumiu um sentido de elaboração do programa político, como se estabelecesse uma intervenção mais eficaz no mercado. Diante do crescimento das demandas por políticas públicas, as Casas Legislativas como centro de elaboração das leis pareciam mais um entrave do que uma solução. Na ausência de partidos estruturados, os legisladores tinham dificuldades de estabelecer acordos e fechar negociações no mesmo ritmo das transformações socioeconômicas. Conforme o governo representativo se desenvolveu, a necessidade de racionalizar o *modus operandi* das relações entre Executivo e Legislativo emergiu e foi, gradativamente, reconhecida.

O problema dessa linha de explicação estruturalista é se basear, exclusivamente, nas condições socioeconômicas, ignorando as dinâmicas políticas. Faz algum sentido supor que os políticos ficariam tão dispostos a ceder seu poder para os partidos? Afinal, quando pensamos em racionalização do processo legislativo, a questão é esta: a centralização das regras reduz, drasticamente, a autonomia dos legisladores perante os partidos.

Ao contrário da abordagem estruturalista, a terceira linha de explicação centra-se em um estudo de nível micro: a **análise das causas por trás das reformas regimentais**. Nesse caso, afirma-se que a racionalização decisória acontece de forma incremental, por consequência da exigência de limitar o fenômeno obstrucionista, isto é, a capacidade de uma minoria bloquear o andamento normal dos trabalhos legislativos. Em tais condições, diante de uma paralisia decisória do processo de produção das leis, a maioria decide reformar as regras internas que regem os trabalhos legislativos, diminuindo o poder de atuação dos políticos como atores individuais e conferindo mais capacidade decisória às lideranças partidárias.

Na Seção *Importante!*, a seguir, descrevemos um caso clássico de obstrucionismo parlamentar que resultou em reforma das regras regimentais.

Importante!

O obstrucionismo da bancada irlandesa

O fenômeno obstrucionista manifestou-se a partir de 1877, quando a "brigada irlandesa", como era conhecido um pequeno grupo de deputados irlandeses, começou a obstruir o trabalho parlamentar após a rejeição do projeto de reforma da Home Rule visando garantir mais autonomia política à Irlanda e promovendo a reforma agrária. Para conseguir travar a pauta e forçar a derrota da matéria, a brigada irlandesa decidiu revezar-se na tribuna e debater por horas a fio, propondo, inclusive, inúmeras emendas.

> Essa tática foi perseguida de forma, mais ou menos, consistente por alguns anos e intensificou-se a partir de 1881. O então primeiro-ministro Gladstone, após uma sessão de intensa obstrução, anunciava medidas para instaurar um regime especial de tramitação das propostas em caso de urgência, atribuindo ao *speaker* (o presidente da assembleia) o poder de acelerar as discussões. A medida ficou conhecida como *Lei da Coerção* (Irish Coercion Bill, no original). A partir de 1882, adotaram-se outras medidas como resposta às tentativas prolongadas de obstrução dos trabalhos. Analisando esse caso, Campion (1958) afirma que o fenômeno obstrucionista exigia uma reação mais eficaz e rápida do governo e dos partidos políticos com assento no parlamento. Na visão do autor, isso explicaria por que as mudanças regimentais ocorreram sempre de forma lenta e gradual, segundo uma lógica de tipo incremental.

(2.5)
Efeitos do nível de centralização da agenda

Parte da literatura tem-se dedicado à análise dos efeitos que derivam do tipo de organização das legislaturas. No caso específico das regras decisórias, afirma-se que "diferentes conjuntos de restrições implicam diferentes conjuntos de agendas viáveis, que implicam diferentes conjuntos de resultados potenciais" (Shepsle; Weingast, 1984, p. 71, tradução nossa). Significa dizer que as regras regimentais impõem custos às ações individual e coletiva na arena legislativa, condicionando o funcionamento dos trabalhos e, em última instância, determinando resultados diferentes em termos de produção legislativa (Doring, 1995). Isso pode ser verificado quando consideramos a produção legislativa tanto em termos quantitativos quanto qualitativos, isto é, por meio da crítica do volume e da qualidade das propostas, nessa ordem.

Alguns estudos mapearam as várias regras que limitam ou estimulam a atuação individual dos legisladores durante o processo decisório, como os critérios estabelecidos para ter o direito de discursar em plenário, as condições de iniciativa legislativa, o tipo de votação das matérias legislativas e os próprios atores dotados de poderes legislativos (Doring, 1995; Doring; Hallemberg, 2004). O levantamento revelou que os governos detentores de mais poder de agenda têm mais facilidade de aprovar leis consideradas conflituosas.

Deve ficar claro para você, leitor, que o monopólio da agenda não é garantia *per si* do sucesso legislativo do governo. Os analistas têm mostrado que há outros fatores que devemos considerar, como o grau de coesão entre os legisladores que apoiam o governo, a distância ideológica dos atores políticos, em particular, da maioria legislativa com o governo, o grau de fragmentação legislativa, a popularidade do governo ou a agenda legislativa do Executivo, para citar apenas alguns (Binder, 1997; Saiegh, 2009; Tsebelis, 2009). Nessa linha, para o caso dos Estados Unidos, uma questão debatida longamente foi se o governo dividido influencia, ou não, a produção legislativa. O texto seminal de Mayhew (1991) sugeria que um governo dividido não fazia diferença alguma. Posteriormente, os trabalhos de Kelly (1993) e Edwards III, Barrett e Peake (1997) concluíram que governos divididos tendem a produzir leis menos importantes.

Essas considerações sugerem a relevância do tratamento dos atores que tomam as decisões sob a regra majoritária nos parlamentos modernos. Até meados do século XIX, os parlamentos reuniam indivíduos desconectados entre si, agindo de forma isolada, até mesmo porque os dois pilares dos trabalhos legislativos eram, basicamente, o reconhecimento dos direitos individuais e a institucionalização das prerrogativas decisórias por meio do mecanismo da separação dos poderes. Diante daquela conjuntura, havia uma compreensão de que a arena legislativa deveria prezar pela proteção da liberdade de debater. Tratava-se, no fundo, da proteção do direito de expressão individual que, em um contexto político ainda não dominado pelos partidos, exaltava, senão mesmo exacerbava, o individualismo dos legisladores.

A partir do final do século XIX, observamos o início do processo de racionalização parlamentar. A liberdade de debate torna-se secundária diante da urgência de acelerar o processo de tomada de decisão e produzir políticas públicas, que passam a ter prioridade. Nessa fase, o governo controla e administra os trabalhos legislativos por meio dos partidos com assento nos parlamentos.

Não podemos perder de vista que os partidos são atores coletivos. Vimos, até agora, que eles conseguem influenciar o processo decisório dependendo da respectiva capacidade de **controle sobre a agenda legislativa**. Isso depende da capacidade de articulação de alguns partidos para controlar os principais cargos que conferem esses poderes. Portanto, em geral, quem detém o monopólio da agenda não é apenas um partido, mas uma coalizão governamental formada por vários partidos que compartilham um programa comum. O problema, então, é detalhar os mecanismos legislativos de controle da agenda e entender como as coalizões distribuem os cargos na arena legislativa. Esse é o tema do próximo capítulo.

Síntese

Neste capítulo, destacamos que a organização dos parlamentos contemporâneos é fruto de uma trajetória histórica na qual predomina uma tendência à centralização dos trabalhos legislativos nas mãos de poucos atores políticos, em particular, os partidos e os respectivos líderes em plenário. De acordo com a literatura, esse processo não seguiu uma única trajetória. O obstrucionismo, a necessidade de acelerar as discussões, assim como a importância de se chegar a um acordo "mínimo" sobre o *modus operandi* dos trabalhos legislativos, são aspectos centrais para compreender a organização dos parlamentos nos dias atuais. Trata-se de fatores que influenciam o *time* e o conteúdo da produção legislativa dos poderes Executivo e Legislativo.

Para você entender o processo legislativo, não basta levar em conta as regras de tomada de decisão: importa identificar quais atores detêm o poder de agenda e como isso afeta, na prática, o comportamento legislativo. O próximo capítulo trata desse assunto para o caso brasileiro, à luz do presidencialismo de coalizão.

Questões para revisão

1. Qual o significado da expressão *racionalização parlamentar*?

2. Por que é dada ênfase às regras que regem os trabalhos legislativos?

3. Indique se as afirmações a seguir são verdadeiras (V) ou falsas (F).
    ( ) O poder de agenda positivo refere-se ao conjunto das regras que apressam ou asseguram a votação do projeto no plenário.

( ) O poder de agenda negativo (ou direitos de vetar) refere-se ao conjunto das regras que permitem vetar/atrasar o debate e, também, o envio das propostas ao plenário para votação.

( ) A definição de regras que regem os trabalhos parlamentares permite resolver o problema das maiorias cíclicas na tomada de decisão.

( ) O poder de agenda nos parlamentos é pouco relevante em relação à vontade política de um governante de implementar determinadas reformas.

Agora, assinale a alternativa que corresponde à sequência correta:

a) V, V, V, F.
b) V, V, V, V.
c) F, V, V, F.
d) V, V, F, V.
e) F, F, V, V.

4. Indique se as afirmações a seguir são verdadeiras (V) ou falsas (F).

( ) O poder de agenda nos parlamentos não produz efeito algum sobre os políticos, que, uma vez eleitos, perseguem suas agendas de políticas públicas independentemente da vontade do governo.

( ) Os limites ao uso da palavra e as restrições à apresentação de emendas podem ser considerados poderes de agenda positivos.

( ) As regras regimentais impõem custos à ação individual e coletiva na arena legislativa, condicionando o funcionamento dos trabalhos.

( ) O *logrolling*, termo técnico usado para definir a troca de favores entre os legisladores para cada um conseguir aprovar as leis de seu interesse e manter-se em dia com as promessas de campanha visando à reeleição, é a explicação principal para entender como são tomadas as decisões no Congresso Nacional.

Agora, assinale a alternativa que corresponde à sequência correta:

a) V, F, F, F.
b) F, V, F, V.
c) F, F, V, F.
d) F, V, V, V.
e) V, F, V, F.

5. Indique se as afirmações a seguir são verdadeiras (V) ou falsas (F).

( ) Até meados do século XIX, os parlamentos organizavam-se ao redor de partidos políticos fortemente coesos e altamente organizados.

( ) A literatura identifica o sistema eleitoral proporcional de lista aberta no Brasil como o caso típico de sistema eleitoral que incentiva o voto pessoal.

( ) Originalmente, as regras regimentais davam mais espaço para a ação individual dos legisladores.

( ) A racionalização do processo legislativo é um fenômeno histórico iniciado em muitos países já no século XIX.

Agora, assinale a alternativa que corresponde à sequência correta:

a) F, F, V, V.
b) F, V, V, V.
c) V, V, F, F.
d) F, V, V, F.
e) F, V, F, V.

Questões para reflexão

1. "A aprovação da agenda legislativa dos presidentes após 1988 foi alcançada por meio do uso de seus poderes institucionais e de controle dos líderes partidários sobre o processo decisório no interior do Congresso" (Figueiredo; Limongi, 2007, p. 155). Com base no que abordamos neste capítulo e no anterior, em sua opinião, qual a importância de estabelecer regras internas aos parlamentos que permitam organizar a agenda do Executivo?

Para saber mais

MAYHEW, D. R. **Congress**: The Electoral Connection. New Haven: Yale University Press, 1974.

CAIN, B.; FEREJOHN, J.; FIORINA, M. **The Personal Vote**: Constituency Service and Electoral Independence. Cambridge: Harvard University Press, 1987.

O trabalho de David Mayhew representa o ponto de partida para uma discussão ampla em torno da atuação dos representantes políticos.

Escrito para o caso americano, o texto problematiza como os políticos eleitos atuam para favorecer seus eleitores, trazendo-lhes benefícios concretos em troca do suporte para uma eventual reeleição. Essa tese ficou conhecida como *conexão eleitoral* e ganhou maior repercussão com o trabalho de Cain, Ferejohn e Fiorina (1987), que a ampliaram para além do caso americano ao introduzir o problema da conexão eleitoral para outros países, considerando os incentivos institucionais (sistemas eleitorais e regras internas aos parlamentos) que favorecem (ou não) a relação de proximidade entre eleitor e político.

NICOLAU, J. M. **Representantes de quem?** Os (des) caminhos do seu voto da urna à Câmara dos Deputados. Rio de Janeiro: Zahar, 2017.

O livro ajuda o leitor a entender o complexo funcionamento do sistema eleitoral brasileiro. Utilizando uma linguagem simples e didática, o autor responde a questionamentos básicos sobre a escolha dos deputados, a importância dos partidos, a distribuição das cadeiras e o tema da reforma política. Uma leitura fundamental para entender como nossos representantes são eleitos.

CAPÍTULO 3
Instâncias decisórias
e poder de agenda
na Câmara dos Deputados

Conteúdos do capítulo:

- Organização dos trabalhos internos na Câmara dos Deputados.
- Disputa partidária pelo poder de agenda.
- O papel dos partidos e dos políticos nas instâncias decisórias.

Após o estudo deste capítulo, você será capaz de:

1. analisar o caso brasileiro em perspectiva comparada;
2. entender a lógica de funcionamento da Câmara dos Deputados.

Durante a corrida presidencial de 2018, o então candidato Jair Bolsonaro, em diferentes declarações, afirmou que, caso fosse eleito, a indicação de pessoas para cargos do governo ocorreria por critérios técnicos, e não por indicação do "toma lá, dá cá" (Jair..., 2018). O presidenciável, à época, referia-se à instrumentalização da distribuição de cargos baseada em critérios políticos para formar a base de apoio dos governos anteriores no Congresso, *modus operandi* do presidencialismo de coalizão brasileiro, como o gatilho dos recentes escândalos de corrupção envolvendo desvios de recursos públicos. Eleito no segundo turno com cerca de 55% dos votos válidos pelo, até então, nanico Partido Social Liberal (PSL), em uma das disputas presidenciais mais acirradas do pós-1988, Bolsonaro manteve um discurso apartidário. Como as taxas de renovação na Câmara dos Deputados e no Senado também foram altas, a dúvida imediata gira em torno da saída que o novo presidente dará para conseguir governar.

No primeiro dia do governo, em 1º de janeiro de 2019, a resposta veio sob a forma da edição da Medida Provisória n. 870, que reduzia de 29 para 22 o número de ministérios. Um sinal claro da repulsa do presidente à "velha política", outra expressão utilizada por ele como sinônimo do "toma lá, dá cá". Exatos 30 dias depois, porém, Rodrigo Maia, deputado federal reeleito pelo Democratas do Rio de Janeiro, foi reconduzido à presidência da Mesa Diretora dos trabalhos na Câmara dos Deputados após disputar a posição com outros seis desafiantes. Mais do que isso: após costurar o apoio de uma rede de 15 partidos que incluía desde o PSL conservador de Bolsonaro até legendas no extremo oposto do espectro político, como o Partido Comunista do Brasil (PCdoB).

Naquele momento, começaria uma queda de braço entre Executivo e Legislativo com a proposta da reforma da previdência enviada pelo governo à Câmara como pano de fundo. De um lado, Maia daria declarações públicas cobrando que Bolsonaro assumisse a articulação política para aprovar a reforma, sem terceirizar a responsabilidade (Fernandes, 2019). De outro, Bolsonaro reagiria afirmando que tinha feito sua parte encaminhando a proposta ao parlamento e passado a bola, sem ter mais nada a fazer. O presidente arremataria: "O que é articulação? O que está faltando eu fazer? O que foi feito no passado? Eu não seguirei o mesmo destino de ex-presidentes, pode ter certeza disso" (No Chile..., 2019). Tratava-se de insinuação de que ele não trocaria favores para garantir a aprovação da medida no Congresso sob pena de acabar indiciado e possivelmente preso por corrupção, como aconteceu com os ex-presidentes Lula (2003-2011) e Michel Temer (2016-2018).

Por trás de toda essa tensão entre Governo e Congresso no governo Bolsonaro está a estrutura do processo legislativo no Brasil. Este capítulo apresenta, justamente, as regras que organizam os trabalhos legislativos, com vistas a ajudar você a entender o papel dos políticos e dos partidos na organização da pauta e no processo de tomada de decisão.

Para facilitar a exposição, o raciocínio será dividido em duas partes. Na primeira delas, apresentaremos a caracterização das principais instâncias decisórias dos parlamentos por meio do exemplo da Câmara dos Deputados: a Mesa, o Colégio de Líderes e o Sistema de Comissões[1]. As evidências mobilizadas mostrarão a centralidade dos critérios partidários para a composição desses órgãos. Na segunda parte do capítulo, o ponto central será deslocado para os mecanismos também regulados regimentalmente que auxiliam a maioria legislativa e o presidente da República na implementação da agenda governamental. No caso, os pedidos de urgência, o poder terminativo

---

1 *Sempre que for possível, apresentaremos algumas considerações incluindo o Senado.*

das comissões, as medidas provisórias (MPs) e os vetos presidenciais. Trata-se de ferramentas capazes de condicionar os resultados legislativos que não estão disponíveis para todos os legisladores.

(3.1) ÓRGÃOS DE TOMADA DE DECISÃO NA CÂMARA DOS DEPUTADOS

A Câmara dos Deputados é uma arena de deliberação coletiva. Como apontamos no Capítulo 2, o processo de racionalização do rito legislativo observado ao redor do mundo representou uma resposta prática às históricas dificuldades enfrentadas pelas casas legislativas para garantir a tomada de decisão coletiva diante do crescente protagonismo dos partidos políticos. Para o caso do Brasil, isso pode ser observado na centralização decisória em torno da Mesa, do Colégio de Líderes e do Sistema de Comissões que atuam no interior da Câmara, assumindo a articulação política e a resolução dos conflitos interpartidários. As próximas páginas tratam, exatamente, de cada um desses órgãos em particular.

3.1.1 A MESA

Em uma casa legislativa composta por representantes eleitos, o primeiro desafio operacional é decidir como pôr ordem nos trabalhos, seja com relação à definição da pauta de discussão e votação, seja na mediação de possíveis conflitos e divergências de opinião. A principal atribuição da Mesa consiste, justamente, em dirigir os trabalhos nas sessões legislativas, responsabilizando-se pela definição da pauta e atuando como árbitra das discussões e deliberações, além de moderar potenciais desavenças em plenário.

Para dar conta do recado, a Mesa é composta por um presidente, dois vice-presidentes e quatro secretários, todos eleitos em escrutínio secreto para cumprir o mandato de dois anos, vedada a possibilidade de reeleição. O presidente da Mesa concentra a maior parte do poder decisório que afeta o rumo do processo legislativo. Cabe a ele, por exemplo, distribuir as **matérias legislativas** às comissões permanentes ou especiais, condicionando, assim, o caminho de projetos de lei e outras peças legislativas. A própria decisão de nomear comissão especial, ouvido o Colégio de Líderes, fica a critério do presidente da Mesa.

Outra responsabilidade central do cargo diz respeito à definição da **ordem do dia**, isto é, a pauta de discussões e votações nas sessões legislativas, que também precisa considerar as sinalizações do Colégio de Líderes. Presidir a Mesa significa, inclusive, responsabilizar-se por desempatar **votações ostensivas** e resolver as chamadas *questões de ordem*, expressão técnica usada para descrever dúvidas ou reclamações dos legisladores quanto ao cumprimento ou à interpretação do regimento interno. Além das demais prerrogativas legislativas, o presidente da Mesa exerce um papel político que ultrapassa as paredes do plenário, pois preside a própria Casa Legislativa como instituição, devendo representá-la oficialmente – uma posição que o leva até a assumir o Poder Executivo em determinadas situações. Segundo o art. 80 da Constituição Federal de 1988, o presidente da Mesa da Câmara dos Deputados deve assumir a presidência do Brasil em caso de impedimento ou vacância dos cargos de presidente e vice-presidente da República. Na impossibilidade, o exercício da presidência do país passa ao presidente da Mesa do Senado Federal e, em última instância, ao presidente do Supremo Tribunal Federal (Brasil, 1988).

O texto constitucional exige que a formação da mesa diretora das Casas Legislativas assegure a representação proporcional dos partidos e blocos (Brasil, 1988, art. 58, § 1º). Justamente por esse motivo, os regimentos internos dos parlamentos estabelecem as regras para a eleição dos componentes da mesa diretora dos trabalhos legislativos levando em conta critérios partidários. No caso da Câmara, o ponto é explicitado no art. 8° do Regimento Interno da Câmara dos Deputados (Brasil, 2019), que assegura a representação proporcional de partidos ou blocos parlamentares presentes na Casa, tanto quanto possível, na composição da Mesa diretora dos trabalhos legislativos, sem, porém, prejuízo de candidaturas avulsas. Esse componente partidário ganha destaque quando pensamos na gestão da coalizão que apoia o Executivo. Do ponto de vista político, torna-se racional para a base governista no Congresso controlar as presidências da Mesa da Câmara dos Deputados e do Senado Federal.

O Quadro 3.1, a seguir, informa a filiação política dos presidentes da Mesa da Câmara desde o primeiro mandato de Fernando Henrique Cardoso até o governo de Michel Temer.

Quadro 3.1 – Presidentes da Câmara por partido e por tipo de relação com o governo

Presidente da República	Presidente da Câmara dos Deputados	Situação do presidente da Câmara em relação ao governo
Fernando Henrique Cardoso (PSDB)	Luís Eduardo Magalhães (PFL)	Governista
	Michel Temer (PMDB)	Governista
	Aécio Neves (PSDB)	Governista
	Efraim Morais (PFL)	Oposicionista
Luís Inácio Lula da Silva (PT)	João Paulo Cunha (PT)	Governista
	Severino Cavalcanti (Independente)	Oposicionista
	Aldo Rebelo (PCdoB)	Governista
	Arlindo Chinaglia (PT)	Governista
	Michel Temer (PMDB)	Governista

(continua)

(Quadro 3.1 – conclusão)

Presidente da República	Presidente da Câmara dos Deputados	Situação do presidente da Câmara em relação ao governo
Dilma Roussef (PT)	Marco Maia (PT)	Governista
	Henrique Eduardo Alves (PMDB)	Governista
	Eduardo Cunha (PMDB)	Governista
Michel Temer (PMDB)	Rodrigo Maia (DEM)	Governista

Fonte: Elaborado com base em Brasil, 2020.

As informações mostram que o padrão tem sido a presidência da Câmara ficar com um deputado membro da coalizão governista. Esse dado sugere a existência de uma barganha entre os legisladores da base do governo e o Poder Executivo. Uma análise mais detida dos casos revela, porém, dois resultados subótimos diferentes quando a negociação falha.

O primeiro remeteria à eleição de um presidente da Câmara sem vínculos com a coalizão no poder porque a própria base de apoio do Executivo no Legislativo não se coordenou para lançar uma candidatura sólida. Aqui, o melhor exemplo é Severino Cavalcanti, eleito presidente da Câmara em 2005, após derrotar dois candidatos do governo petista, Luiz Eduardo Greenhalgh e Virgílio Guimarães. Ao apresentar dois candidatos, o PT não apenas permitiu uma divisão entre as fileiras governistas, mas também favoreceu a eleição de Cavalcanti, dada a dispersão dos votos dos concorrentes.

O segundo resultado subótimo refere-se à eleição de um membro da coalizão governista para a presidência da Câmara dos Deputados que não corresponda, de fato, à preferência do governo. O caso da eleição de Eduardo Cunha, do PMDB, em 2015, ilustra muito bem o ponto. Embora o PMDB fizesse parte da coalizão de apoio ao governo petista da presidente Dilma, a preferência dela era pelo candidato do PT, Arlindo Chinaglia, que saiu derrotado, evidenciando tensões dentro da própria coalizão governista.

Situações desse tipo mostram como o processo de tomada de decisão em Casas Legislativas da magnitude da Câmara dos Deputados é complexo. Embora a existência da Mesa direcione os trabalhos legislativos, ela não dá conta, isoladamente, de solucionar as potenciais divergências de opinião em um grupo de 513 deputados, nem de condicionar, por si só, a criação de consenso sobre as políticas públicas que virão à pauta de discussão e votação.

Duas outras instâncias trabalham para unificar o discurso político: o Colégio de Líderes e o Sistema de Comissões.

3.1.2 O Colégio de Líderes

Uma forma estratégica de canalizar preferências é delegar poderes para líderes que passem a responder pelos interesses de seus liderados. A Câmara dos Deputados adotou esse modelo instituindo, formalmente, o Colégio de Líderes, que reúne não apenas os líderes partidários, mas também os líderes dos blocos parlamentares, do governo, da maioria e da minoria. Como o nome sugere, a *liderança partidária* diz respeito ao integrante indicado pelo partido para representar a bancada partidária na Câmara (Brasil, 2019, art. 9). Leia o texto da Seção *Importante!*, apresentada na sequência, para entender como o Colégio se formou.

A liderança do governo, por sua vez, refere-se ao deputado apontado pelo próprio Presidente da República para atuar como porta-voz dos interesses do governo na Casa (Brasil, 2019, art. 11). Pelo regimento, todo partido com, pelo menos, 3% dos membros da Câmara, o equivalente a cinco deputados, tem direito a indicar líder próprio (Brasil, 2019, art. 9, § 4°). Um bloco parlamentar pode ser formado por dois ou mais partidos que, juntos, representem mais de 3% da Câmara, vale dizer, no mínimo, 16 deputados, e decidam agir como um partido único, seguindo a orientação de um único líder (Brasil, 2019, art. 12, § 3°). Finalmente, a maioria refere-se ao partido ou bloco parlamentar detentor da maioria absoluta dos 513 membros da Câmara, isto é, 257 deputados, considerando-se minoria a representação imediatamente inferior com posição diversa da maioria em relação ao governo (Brasil, 2019, art. 13).

Além de aconselharem o presidente da Mesa sobre a formação da agenda de discussão e votação que pauta o plenário, os líderes assumem uma posição privilegiada no processo legislativo por dois motivos principais. Primeiro porque funcionam como delegados dos seus liderados, assumindo o direito de demandar uma série de procedimentos sem a necessidade de mobilizar deputado a deputado em busca de assinaturas ou de qualquer outro tipo de apoio. A ação do líder vale pela expressão de sua bancada inteira – e as regras que estruturam o processo decisório na Câmara privilegiam essa delegação de poderes.

O Quadro 3.2, a seguir, identifica uma série de prerrogativas legislativas das lideranças, conforme o número de deputados que elas representam.[2]

---

[2] *Para informações detalhadas, é útil consultar o site da Câmara dos Deputados (Brasil, 2020; 2018).*

Quadro 3.2 – Prerrogativas legislativas dos líderes na Câmara dos Deputados conforme o número de liderados

Número de liderados	Prerrogativas do líder
Ao menos, 31 deputados	Requerer verificação de votação no plenário.
Ao menos, 52 deputados	Solicitar votação secreta.
	Pedir regime de prioridade para propostas.
	Solicitar o adiamento de votação de propostas em regime de urgência.
	Apresentar destaques para votação em separado.
	Apresentar emendas aglutinativas.
	Apresentar emendas a propostas que estão sendo votadas em segundo turno.
Ao menos, 103 deputados	Apresentar requerimentos de urgência para propostas.
	Apresentar emendas a propostas votadas em regime de urgência no plenário.
A maioria absoluta dos membros da Câmara (257 deputados)	Requerer a inclusão na pauta do plenário de propostas para votação imediata.

Fonte: Elaborado com base em Brasil, 2018.

Sem entrar no mérito de cada procedimento legislativo, o ponto a se registrar é que essas informações revelam o quanto a complexidade das demandas delegadas aos líderes aumenta proporcionalmente ao tamanho das bancadas que eles representam. Basta considerar que a agenda de votações previstas estabelecida pelo presidente da Mesa, após ouvido o Colégio de Líderes, pode mudar no meio da sessão legislativa e passar a incluir uma pauta proposta pelo líder da maioria da Câmara para votação imediata, por exemplo. Trata-se de um bom exemplo da força regimentalmente concedida às lideranças no processo de tomada de decisão.

O segundo motivo que coloca os líderes em uma posição privilegiada no processo legislativo refere-se às prerrogativas que eles detêm, vedadas aos deputados individuais. Por exemplo, fazer o chamado *encaminhamento da votação*, isto é, orientar seus liderados quanto à forma como eles devem votar quando qualquer matéria estiver em deliberação no plenário. Outras prerrogativas exclusivas das lideranças dizem respeito aos atos de registrar os candidatos para concorrer aos cargos da Mesa diretora dos trabalhos legislativos e de indicar nomes para integrar o Sistema de Comissões, inclusive, podendo substituí-los a qualquer tempo (Brasil, 2019, art. 10 e incisos).

Do ponto de vista racional, os deputados têm incentivos para se manter fiéis aos respectivos líderes, que concentram amplos poderes legislativos regimentalmente delegados e a prerrogativa sobre essas indicações de cargos. Entretanto, a relação líder-bancada liderada não é unilateral. As lideranças podem cair a qualquer tempo, conforme os representados decidam pela destituição indicando novas lideranças (Brasil, 2019, art. 9).

A título de comparação, convém lembrar que o Senado Federal nem conta com um Colégio de Líderes formalmente instituído. Embora muitas ações dos senadores também se encontrem formalmente delegadas pelo regimento da Casa às lideranças partidárias, acredita-se que a delegação seja menos relevante para uma arena de magnitude bem menor em comparação à da Câmara (Miranda, 2010).

Importante!

A origem do Colégio de Líderes na Câmara dos Deputados

O reconhecimento formal do Colégio de Líderes como órgão de negociação política na Câmara dos Deputados remonta à solução encontrada na reta final da Assembleia Nacional Constituinte (ANC) de 1987-1988 para facilitar a tomada de decisão. As votações não estavam avançando em razão das dificuldades criadas pelo modelo descentralizado de elaboração do anteprojeto constitucional adotado na época.

Embora, inicialmente, tenha-se cogitado nomear uma comissão especial encarregada de redigir um anteprojeto constitucional piloto para abrir a discussão e a votação, os constituintes optaram por construir um texto de baixo para cima, maximizando a participação de todos. Para isso, estabeleceram a criação de oito comissões, subdivididas em três subcomissões cada uma, responsáveis por disciplinar diferentes temas constitucionais, além da Comissão de Sistematização, incumbida de condensar o trabalho de todas as outras. Tratava-se de uma forma de ampliar o número de constituintes envolvidos desde o começo dos trabalhos com o processo de tomada de decisão. No entanto, a subdivisão de tarefas criou um problema de coordenação de interesses, tanto em virtude das milhares de matérias apresentadas quanto diante do pluralismo de princípios e valores delas, exigindo um duro trabalho de homogeneização do texto para consolidar o anteprojeto constitucional.

> Quando a Comissão de Sistematização apresentou seu trabalho, despertou o incômodo de um grupo suprapartidário que ficou conhecido como *Centrão*, justamente por defender posições mais conservadoras em comparação ao tom do texto constitucional aprovado pela Sistematização. Como o regimento até então usado para guiar os trabalhos constituintes dificultava a realização de mudanças no texto da Sistematização, o Centrão articulou a aprovação de uma reforma regimental que passou a favorecer emendas ou posições da maioria do plenário. Mesmo assim, a manutenção de maiorias continuou um desafio, já que o próprio Centrão também perdeu força no decurso das votações (Bonavides; Andrade, 1991).
>
> A saída para romper a dificuldade de construir consenso e unificar o discurso político em prol da aprovação da Carta de 1988 veio com a atuação dos líderes partidários, que passaram a firmar acordos e reescrever emendas em conjunto em reuniões prévias, antes de seguir a plenário defendendo uma pauta comum. Foi Nelson Jobim, ex-deputado constituinte pelo PMDB do Rio Grande do Sul, quem chamou a atenção para o fato (Jobim, 1994). O hábito estendeu-se para depois da constituinte e é considerado o embrião do Colégio de Líderes, formalizado em 1989 (Gomes, 2006).

3.1.3 O Sistema de Comissões

O Sistema de Comissões tem sido a principal fórmula encontrada pelos parlamentos para assegurar uma discussão especializada das matérias legislativas. As comissões são órgãos técnico-legislativos que têm a responsabilidade de emitir pareceres sobre o mérito das matérias legislativas submetidas ao seu exame. Um trabalho que pode ter por objetivo qualificar questões para ajudar a tomada de decisão posterior, em plenário, ou correr com o chamado *poder terminativo*, também denominado *poder conclusivo*. Vale dizer, há situações específicas em que as comissões têm autonomia para concluir, por conta própria, a apreciação de matérias, dispensando a manifestação do plenário, salvo recurso de um décimo dos membros da Casa (52 deputados).

Na Câmara, as comissões subdividem-se em **comissões permanentes**, que integram a estrutura institucional da Casa, e **comissões temporárias**, criadas conforme a necessidade de apreciar assuntos conjunturais e extintas ao término da legislatura ou quando alcançam a finalidade visada (Brasil, 2019, art. 22 e incisos). As comissões são compostas de membros titulares e suplentes, mas cada deputado pode atuar somente como membro titular em uma única comissão permanente (Brasil, 2019, art. 26, § 2º). Essa restrição gera uma divisão do trabalho que estimula a especialização temática dos membros das comissões.

O critério básico estabelecido para a composição das comissões segue a mesma lógica regimental definida para a definição dos cargos da Mesa e do Colégio de Líderes: a representação proporcional dos partidos e dos blocos partidários na Câmara, conforme previsto pelo texto da Constituição Federal de 1988 (art. 58, § 1º). A única exceção refere-se à previsão regimental de uma cadeira em cada comissão ser reservada sempre para um membro da minoria atuar como titular, "ainda que pela proporcionalidade não lhe caiba lugar" (Brasil, 2019, art. 23).

As comissões temporárias
Existem três tipos de comissões temporárias: as especiais, de inquérito e as externas. As **comissões externas** podem ser criadas pelo

presidente da Câmara dos Deputados, ou a requerimento de qualquer deputado, diante da necessidade de a Casa se fazer representar em atos fora de seu recinto oficial, tanto no país quanto no exterior (Brasil, 2019, art. 38). **Comissões parlamentares de inquérito** (CPIs) exigem a formação de um consenso entre, pelo menos, 171 deputados (um terço da Câmara), que precisam apresentar um requerimento solicitando a apuração, por prazo certo, de algum acontecimento relevante para a vida pública e a ordem constitucional, legal, econômica e social do país. Uma vez formadas, as comissões de inquérito ficam investidas de poderes próprios de autoridades judiciais (Brasil, 2019, art. 35 e § 1º).

Por fim, como o nome sugere, as **comissões especiais** são constituídas para dar parecer sobre dois tipos especiais de legislação. O primeiro engloba propostas de emenda à Constituição (PEC) e projetos de Código. O segundo tipo especial refere-se às proposições abrangentes que tratem de matéria cujo mérito deva receber parecer de mais de três comissões, segundo o entendimento do presidente da Câmara ou a requerimento do presidente da comissão interessada ou de líder atuante na Casa (Brasil, 2019, art. 34 e incisos).

O número de membros das comissões externas e de inquérito define-se pela indicação que se realizar no requerimento ou no ato de sua instalação (Brasil, 2019, art. 33, § 1º e art. 35, § 5º). O regimento da Câmara não trata, porém, do número de membros das comissões especiais.

Comparadas às demais comissões temporárias, as comissões externas revestem-se de um caráter mais simbólico e não têm sido analisadas pelos especialistas. Os estudos disponíveis enfatizam as CPIs e as comissões especiais, sobretudo, porque enxergam nelas potencial impacto legislativo ou implicações para as relações Executivo-Legislativo. Trabalho recente, que mapeou a instauração de comissões de inquérito durante os dois governos FHC (1994-2002) e os dois governos Lula (2003-2010) para discutir a atuação da oposição na Câmara dos Deputados, encontrou padrões diferentes de CPIs instauradas. Elas teriam passado de 70, na presidência FHC, para 87 na presidência Lula e seriam mais solicitadas pela oposição no primeiro caso em relação ao segundo, caindo de 30 CPIs requeridas pela oposição no governo FHC para 18 CPIs requeridas no governo Lula (Bezerra, 2012). Esses dados foram interpretados pelo estudo como uma prova de que os partidos de esquerda, quando estão fora da base do governo, adotam uma estratégia diferente dos partidos de centro e direita, buscando expor o Executivo por meio do recurso a mecanismos fiscalizadores como comissões de inquérito.

No caso do significado político das comissões especiais, outro trabalho recente sistematizou a quantidade delas constituída na Câmara no decorrer das legislaturas de 1999-2003 e 2004-2007 em razão do tipo de legislação usado para justificá-las.

Tabela 3.1 – Número de comissões especiais criadas nas 51ª e 52ª legislaturas, por finalidade

Tipo de legislação apreciado	51ª legislatura (1999-2003)		52ª legislatura (2004-2007)	
	n	%	n	%
Proposta de emenda à Constituição (PEC)	46	62.2	39	42.9
Projeto de lei ordinária (PL)	15	20.3	27	29.7
Outros*	13	17.5	4	27.4
Total	74	100	91	100

*Inclui Apreciação de projetos de lei complementar e projetos de resolução.

Fonte: Elaborado com base em Oliveira, 2009.

A tabela aponta que as propostas de emenda à Constituição são a causa mais comum por trás da criação das comissões especiais. Entretanto, ainda sabemos muito pouco a respeito da origem e do funcionamento dessas comissões, assim como das comissões temporárias em geral.

As comissões permanentes
Na Câmara, o número total de vagas nas comissões permanentes não pode exceder o total de deputados da Casa, não computados os membros da Mesa diretora dos trabalhos legislativos, pois nenhum deputado está autorizado a atuar como membro titular de mais de uma comissão permanente (Brasil, 2019, art. 25, § 3º e art. 26, § 2º). Além disso, do ponto de vista estritamente numérico, nenhuma comissão permanente pode ter menos de 18, nem mais de 62 integrantes (Brasil, 2019, art. 25, § 2º). A fixação do número de membros efetivos dessas comissões ocorre a cada biênio por ato da Mesa, que deve levar em conta as recomendações do Colégio de Líderes e observar, tanto quanto possível, a composição dos partidos ou blocos parlamentares da Casa, com uma distribuição proporcional das vagas (Brasil, 2019, art. 25 e § 1º). As lideranças dos partidos ou blocos parlamentares detêm a prerrogativa de indicar ou substituir, quando julgarem necessário, os membros titulares e suplentes que devem ocupar as comissões permanentes nas vagas reservadas às respectivas bancadas (Brasil, 2019, art. 10, inciso VI, e art. 28).

Entretanto, existem outras questões que pesam nas indicações feitas pelos partidos e blocos parlamentares além da regra da distribuição proporcional das vagas das comissões permanentes. Por exemplo, o fato de que os próprios deputados possam mostrar-se mais motivados em ocupar determinadas comissões em detrimento de outras diante de interesses específicos, frequentemente, relacionados à região ou ao estado de eleição. Uma situação potencial verifica-se no loteamento das vagas da Comissão de Integração Nacional, Desenvolvimento Regional e Amazônia (Cindra), que, por seu escopo e configuração, tem mais chances de atrair representantes da Região Amazônica.

Outra questão que influencia a tomada de decisão sobre as indicações de membros para as comissões refere-se à avaliação que os partidos e blocos parlamentares fazem das vagas disponíveis. As áreas de atuação e impacto legislativo das comissões permanentes diferem, havendo algumas, reconhecidamente, mais relevantes em virtude da centralidade que elas exercem na tramitação das matérias legislativas em geral. Esse é o caso, sobretudo, da Comissão de Constituição e Justiça e de Cidadania (CCJC).

A leitura de suas atribuições, estabelecidas no art. 32, inciso IV, do RICD (Brasil, 2019), esclarece o motivo do protagonismo legislativo da CCJC:

a) *aspectos constitucional, legal, jurídico, regimental e de técnica legislativa de projetos, emendas ou substitutivos sujeitos à apreciação da Câmara ou de suas Comissões;*
b) *admissibilidade de proposta de emenda à Constituição;*
c) *assunto de natureza jurídica ou constitucional que lhe seja submetido, em consulta, pelo Presidente da Câmara, pelo Plenário ou por outra Comissão, ou em razão de recurso previsto neste Regimento;*
d) *assuntos atinentes aos direitos e garantias fundamentais, à organização do Estado, à organização dos Poderes e às funções essenciais da Justiça;*
e) *matérias relativas a direito constitucional, eleitoral, civil, penal, penitenciário, processual, notarial;*
f) *partidos políticos, mandato e representação política, sistemas eleitorais e eleições;*

g) *registros públicos;*
h) *desapropriações;*
i) *nacionalidade, cidadania, naturalização, regime jurídico dos estrangeiros; emigração e imigração;*
j) *intervenção federal;*
l) *uso dos símbolos nacionais;*
m) *criação de novos Estados e Territórios; incorporação, subdivisão ou desmembramento de áreas de Estados ou de Territórios;*
n) *transferência temporária da sede do Governo;*
o) *anistia;*
p) *direitos e deveres do mandato; perda de mandato de Deputado, nas hipóteses dos incisos I, II e VI do art. 55 da Constituição Federal; pedidos de licença para incorporação de Deputados às Forças Armadas;*
q) *redação do vencido em Plenário e redação final das proposições em geral.*

A lista de atribuições da CCJC abrange, praticamente, todo tipo de matéria legislativa que pode tramitar na Câmara dos Deputados. Isso significa que a CCJC se manifestará pela constitucionalidade de quase tudo o que for proposto pelo governo, pelos partidos e pelos deputados, assumindo protagonismo em relação às outras comissões permanentes. Essa posição torna-a mais atraente em relação às demais, até mesmo porque concentra o poder de vetar a tramitação de pautas cobertas pelas outras comissões. Assim, por exemplo, uma proposta considerada inadmissível é arquivada e pode ser desarquivada por um terço da composição da Câmara ou de líderes que representem esse número. Do ponto de vista estratégico, portanto, é mais importante para os partidos políticos e blocos parlamentares manter o controle sobre a CCJC do que sobre as demais comissões cujas competências são limitadas (pelo conteúdo das matérias) e bem específicas.

Pelos poderes regimentais que lhe são atribuídos, é na CCJC que os partidos do governo buscam acomodar seus membros, mantendo os equilíbrios derivados das urnas, de modo a gerenciar a tramitação das propostas legislativa da maioria e limitando a ação das oposições. A Tabela 3.2, a seguir, revela com mais clareza essas considerações levando em conta a desproporcionalidade partidária registrada em cada comissão em relação à bancada de plenário para as comissões permanentes que atuavam na Câmara dos Deputados durante a 54ª legislatura (2011-2015). A taxa de desproporção reportada varia entre 0 e 1, em que 0 indica proporcionalidade absoluta, e 1, a ausência dela[3].

Tabela 3.2 – Índice de proporcionalidade por comissão na 54ª legislatura (2011-2015)

Comissões permanentes	Índice de proporcionalidade
Comissão de Direitos Humanos e Minorias (CDHM)	0,33
Comissão de Legislação Participativa (CLP)	0,31
Comissão de Defesa do Consumidor (CDC)	0,28
Comissão de Desenvolvimento Econômico, Indústria e Comércio (CDEIC)	0,25
Comissão de Trabalho, de Administração e Serviço Público (CTASP)	0,24
Comissão de Cultura (CCULT)	0,24
Comissão do Esporte (CESPO)	0,23
Comissão de Desenvolvimento Urbano CDU)	0,22

(continua)

---

[3] *Para detalhes da fórmula de calcular o índice de desproporcionalidade, ver Carneiro (2018, p. 112). O autor calcula o índice considerando o número de deputados por cada partido para, depois, observar qual a quantidade efetiva de congressistas, ao longo da legislatura, que foram membros de cada comissão.*

(Tabela 3.2 – conclusão)

Comissões permanentes	Índice de proporcionalidade
Comissão de Segurança Pública e Combate ao Crime Organizado (CSPCCO)	0,21
Comissão de Meio Ambiente e Desenvolvimento Sustentável (CMADS)	0,20
Comissão de Viação e Transportes (CVT)	0,19
Comissão de Integração Nacional, Desenvolvimento Regional e da Amazônia (CINDRA)	0,18
Comissão de Agricultura, Pecuária, Abastecimento e Desenvolvimento Rural (CAPADR)	0,17
Comissão de Turismo (CTur)	0,16
Comissão de Fiscalização Financeira e Controle (CFFC)	0,15
Comissão de Relações Exteriores e de Defesa Nacional (CREDN)	0,14
Comissão de Finanças e Tributação (CFT)	0,14
Comissão de Educação (CE)	0,14
Comissão de Ciência e Tecnologia, Comunicação e Informática (CCTCI)	0,13
Comissão de Seguridade Social e Família (CSSF)	0,11
Comissão de Minas e Energia (CME)	0,11
Comissão de Constituição e Justiça e de Cidadania (CCJC)	0,05
Média	0,19

Fonte: Elaborado com base em Carneiro, 2018.

Os valores do índice de desproporcionalidade indicam o predomínio de uma lógica partidária na distribuição das vagas das comissões. A taxa de desproporção da CCJC é a melhor representação desse fato:

a mais próxima de 0, indicando o viés eminentemente partidário que pauta a indicação de seus integrantes.

O texto da Seção *Importante!*, a seguir, resume as diversas teorias da ciência política sobre o método de seleção dos membros das comissões.

> **Importante!**
>
> **As teorias sobre a seleção dos membros das comissões permanentes**
>
> As principais teorias disponíveis em matéria de estudos legislativos baseiam-se em análises do Congresso norte-americano, tomado como objeto de pesquisa por um volumoso número de trabalhos. O debate em torno da seleção dos membros das comissões legislativas não é diferente e estrutura-se em torno de obras e autores centrados nas dinâmicas da Casa dos Representantes americana, considerados clássicos nos estudos legislativos.
>
> O livro *The Congressman*, de Charles Clapp (1962), foi pioneiro ao interpretar a especialização do trabalho parlamentar como produto da organização legislativa, apontando a relevância da atuação nas comissões para a especialização dos deputados em áreas temáticas. Um raciocínio endossado por Polsby (1968), poucos anos depois, para afirmar o predomínio de critérios endógenos na seleção dos ocupantes dos postos-chave no Congresso norte-americano. Foi nesses termos que a ideia de *senhority*, entendida como *expertise* acumulada no decurso do tempo de serviço legislativo, desenvolveu-se no campo dos estudos legislativos.

Atualmente, três linhas de interpretação sobre a seleção dos membros das comissões concorrem entre si. A **tese distributivista** afirma que os parlamentares escolhem a comissão mais próxima das preferências do próprio eleitorado (Mayhew, 1974). O argumento parte da premissa de que o objetivo primário de todo político é a reeleição, levando cada legislador em atividade a procurar "mostrar serviço" perante os eleitores durante o mandato. De forma pragmática, a melhor estratégia para o deputado consistiria em ocupar uma cadeira na comissão que lhe permitisse implementar as políticas mais condizentes com as preferências de seu eleitorado. Assim, o deputado teria condições de manter o reduto eleitoral satisfeito e aumentaria as chances de alcançar a contrapartida esperada: a retribuição na forma de votos quando disputasse a reeleição. O efeito dessa lógica sobre a organização dos trabalhos legislativos iria materializar-se na formação de comissões com membros cujas preferências pareceriam relativamente homogêneas. A **tese informacional** defende outra forma de explicar o loteamento das comissões, a saber: o parlamentar escolhe a comissão com base em suas características pessoais (Krehbiel, 1991). Significa dizer, por exemplo, que um advogado prefere comissões mais centradas no mérito das tecnicidades da lei, ao passo que um agricultor priorizará comissões que debatam temas relacionados ao mundo agrícola. Uma terceira explicação é oferecida pela **tese partidária**, que desloca o foco do deputado para o partido e afirma a centralidade dos líderes partidários na determinação dos membros nas comissões (Cox; McCubbins, 1993). O ponto sustenta-se com base nas atribuições regimentais das lideranças partidárias, que detêm o poder de fazer as indicações de nomeações e substituições dos integrantes das comissões, a despeito dos interesses pessoais dos legisladores.

A análise da composição partidária das comissões, porém, não diz nada a respeito do critério de seleção dos membros escolhidos para ocupá-las. Os estudos disponíveis apresentam três explicações principais por trás das indicações feitas pelos líderes partidários. Uma delas argumenta que os partidos selecionam deputados com maior lealdade política para as comissões estratégicas (Muller, 2005). Outra explicação chama a atenção para o peso da especialização anterior quando se trata de comissões permanentes de controle fiscal e de constitucionalidade (Santos, 2002). Trata-se de um raciocínio desafiado quando se analisam os presidentes das comissões indicados desde a democracia de 1946-1964 até os anos 1998, pelo menos, se o critério etário entrar como sinônimo de *expertise* – o que não parece ter sido decisivo para a atribuição dos indicados à presidência das comissões em todo esse período (Santos, 2001).

De fato, faltam evidências conclusivas, possivelmente, porque os analistas não entram em consenso sobre a melhor forma de estudar a seleção dos membros das comissões permanentes. Há quem aposte na classificação das comissões para, então, isolar possíveis lógicas diferentes (Carneiro, 2018; Muller, 2005) como também há quem prefira manter as comissões como órgãos equilibrados entre si, mas verticalizados internamente (Santos, 2001). Nesse último caso, o argumento é o de que os postos-chave relevantes para a análise dizem respeito às presidências das comissões, pois os presidentes delas concentram recursos de poder como, por exemplo, a prerrogativa de designar os relatores das matérias que tramitam na própria comissão (Brasil, 2019, art. 41, inciso VI).

Independentemente das questões abertas na literatura a esse respeito, as três principais instâncias decisórias da Câmara dos Deputados já foram, minimamente, caracterizadas até aqui. Resta entender como elas se articulam e conseguem pautar a agenda legislativa da Casa condicionando as decisões políticas em geral. Esse será o tema das próximas páginas.

(3.2) Instrumentos de adoção da agenda legislativa

Existe um consenso nos estudos legislativos disponíveis sobre o Brasil de que a mobilização de poucos dispositivos regimentais garante a implementação da agenda governamental. De um lado, os requerimentos de urgência em geral e a adoção do poder terminativo das comissões permanentes, que não correm pela alçada direta do Poder Executivo, mas costumam ficar capturadas pela sua base de apoio no Legislativo para compor a pauta de discussão e votação. De outro, as medidas provisórias, a urgência constitucional e os vetos presidenciais, todas prerrogativas legislativas do Executivo que forçam a Câmara ao diálogo com a presidência da República.

3.2.1 Instrumentos legislativos compartilhados

Existem três regimes de tramitação das matérias legislativas na Câmara: ordinário, prioritário e urgente. Como os próprios nomes sugerem, eles se aplicam conforme a classificação que a matéria legislativa recebe. Projetos apresentados por deputados individualmente seguem, em geral, o rito ordinário, que importa o cumprimento de todas as exigências, os interstícios e as formalidades regimentais. A tramitação prioritária fica reservada, por exemplo, para projetos de iniciativa do Executivo, do Poder Judiciário, do Ministério Público, da Mesa, de comissão permanente ou especial, do Senado Federal ou dos cidadãos (Brasil, 2019, art. 151, incisos I e II, alínea "a").

O regime prioritário dispensa as proposições de cumprirem as exigências regimentais, para conduzi-las direto à pauta da ordem do dia da sessão seguinte, logo após as proposições em regime de urgência, que têm preferência sobre todas as outras matérias (Brasil, 2019, arts. 158 e 159).

O requerimento de urgência
Estabelecer tramitação urgente significa adotar um trâmite mais flexível, que dispensa o cumprimento de exigências, interstícios e formalidades regimentais. Embora não prescinda da apresentação de pareceres das comissões, a proposição em regime de urgência pode ser retirada da comissão mesmo sem um parecer escrito do relator e seguir para avaliação do plenário, por exemplo, onde entraria em discussão e votação ouvido o parecer oral oferecido pelo seu relator. Cabe urgência, entre outros casos, para proposições legislativas disciplinando declarações de guerra ou medidas necessárias em caso de guerra, intervenção federal ou de iniciativa do presidente da República com solicitação de urgência (Brasil, 2019, art. 151 e incisos). Entretanto, o regime de tramitação urgente não se restringe à natureza das matérias legislativas: ele pode passar a valer se o plenário aprovar um requerimento solicitando esse tipo de tratamento para a tramitação (Brasil, 2019, art. 152, § 2º).

Uma das possibilidades previstas para a requisição da urgência legislativa é a apresentação de requerimento por um terço dos membros da Câmara, o equivalente a 171 deputados, ou de líderes que representem esse número (Brasil, 2019, art. 154, inciso II). A margem aberta aos líderes permite que, na prática, o Colégio de Líderes consiga decidir pela urgência em suas reuniões e, depois, apresentar o requerimento ao plenário, tendo assim condições de aprová-lo por votação simbólica. Estudos têm sugerido que o Colégio de Líderes se vale da urgência para alterar o rito das matérias legislativas na Câmara. Mais precisamente, retirando projetos distribuídos pela Mesa às comissões (Amorim Neto, 2009; Figueiredo; Limongi, 1999, 2007; Pereira; Mueller, 2000).

A Tabela 3.3, a seguir, apresenta a frequência do uso da urgência com relação às matérias legislativas que se tornaram lei entre 1985-2006.

Tabela 3.3 – Frequência das leis que tramitaram sob regime de urgência, por governos e legislaturas (1985-2006)

Legislatura		Presidente	Número de leis cujo projeto tramitou sob urgência	Total de leis	%
Começo	Fim				
15/03/1985	31/01/1987	Sarney	136	299	0.45
01/02/1987	14/03/1990	Sarney	91	425	0.21
15/03/1990	31/01/1991	Collor	35	172	0.20
01/02/1991	02/10/1992	Collor	113	302	0.37
03/10/1992	31/12/1994	Itamar	141	516	0.27
01/01/1995	31/12/1998	FHC I	220	835	0.26
01/01/1999	31/12/2002	FHC II	259	899	0.29
01/01/2003	31/12/2006	Lula I	246	813	0.30
15/03/1985	31/12/2006	Total	1241	4261	0.29

Fonte: Amorim Neto, 2009, p. 120.

Os números mostram que, praticamente, 1/3 das leis aprovadas entre 1985-2006 tramitaram sob regime de urgência (29%). Acredita-se que o Colégio de Líderes instrumentaliza o uso dos pedidos de urgência com o objetivo de deixar as instâncias decisórias livres para se concentrarem em pautas políticas mais substantivas (Figueiredo; Limongi, 1999).

O poder terminativo das comissões

Como vimos, a distribuição das matérias às comissões é prerrogativa do presidente da Mesa diretora dos trabalhos legislativos. No exercício da tarefa, ele concentra um direito mais decisivo: a possibilidade de anunciar as matérias que as comissões analisarão com poder terminativo, salvo recurso do plenário (Brasil, 2019, art. 17, inciso I, alínea "p"). Os especialistas em estudos legislativos têm chamado a atenção, justamente, para esse ponto ao frisar a importância do papel do presidente da Mesa para a definição do rito de tramitação das proposições, controlado pelo dirigente dos trabalhos legislativos desde o início (Figueiredo; Limongi, 1999, 2007).

A Tabela 3.4, a seguir, caracteriza a frequência das leis aprovadas sob poder terminativo das comissões entre 1985 e 2006.

Tabela 3.4 – Frequência das leis aprovadas sob poder terminativo das comissões, por governos e legislaturas (1985-2006)

Legislatura		Presidente	Número de leis aprovadas por meio do poder conclusivo	Total de leis	%
Começo	Fim				
15/03/1985	31/01/1987	Sarney	0	290	0.00
01/02/1987	14/03/1990	Sarney	4	416	0.01
15/03/1990	31/01/1991	Collor	5	171	0.03
01/02/1991	02/10/1992	Collor	56	293	0.19
03/10/1992	31/12/1994	Itamar	64	504	0.13
01/01/1995	31/12/1998	FHC I	108	805	0.13
01/01/1999	31/12/2002	FHC II	133	860	0.15
01/01/2003	31/12/2006	Lula I	139	792	0.18
15/03/1985	31/12/2006	Total	509	4131	0.12

Fonte: Amorim Neto, 2009, p. 119.

Observamos, pelos dados da tabela, que o número de leis aprovadas sob poder terminativo aumentou, consideravelmente, a partir da década de 1990. Comparado ao número de leis aprovadas que tramitaram com urgência (Tabela 3.4), o uso do poder terminativo é, porém, bem menos frequente. A explicação para esse fato seria a ação dos líderes partidários, que impediriam as comissões de fazer uso do poder conclusivo ao retirarem as matérias delas por meio de requerimentos de urgência (Figueiredo; Limongi, 1999, 2007; Pereira; Mueller, 2000).

3.2.2 Instrumentos legislativos exclusivos do Executivo

Como destacamos no Capítulo 1, os regimes presidencialistas aproximam-se dos regimes parlamentaristas em vários aspectos, inclusive porque o Poder Executivo detém poderes legislativos nos dois contextos. No Brasil, o Poder Executivo conta com instrumentos para condicionar a agenda legislativa em torno dos próprios projetos: trata-se dos dispositivos das medidas provisórias, da urgência constitucional e dos vetos presidenciais.

Medidas provisórias

As medidas provisórias (MPs) têm força de lei assim que são editadas e constituem uma prerrogativa legislativa do Poder Executivo assegurada pelo art. 62 da Constituição Federal de 1988, que faculta ao presidente da República a possibilidade de legislar por MP em casos de urgência e relevância. Embora a medida passe a valer imediatamente, há prazo para ela expirar (60 dias), e o Congresso Nacional detém o direito de se manifestar (em até 45 dias) sobre a oportunidade da decisão tomada pelo Poder Executivo julgando a procedência do apelo à MP para criar legislação. No caso, cria-se uma comissão mista, formada por 12 senadores e 12 deputados, cujo papel inicial é analisar os pressupostos da urgência e da relevância, juntamente ao mérito e à adequação financeira orçamentária. A comissão escolhe um relator incumbido de emitir um parecer sobre o texto da MP. O parecer do relator pode sugerir aprovação sem modificações, aprovação com alterações ou rejeição. Quando esse parecer segue para o plenário da Câmara, a deliberação acontece por maioria simples (50% + 1 dos presentes). Em caso de rejeição da MP, ela é arquivada. Caso contrário, a MP é encaminhada à apreciação do Senado Federal, que também delibera a matéria por maioria simples.

Eventuais modificações aprovadas pelos senadores retornam ao estudo da Câmara. Se o Congresso Nacional decide aprovar a MP, ela é convertida definitivamente em lei, porém, caso os congressistas prefiram rejeitá-la, a MP deixa de valer sem que o Poder Executivo possa recorrer da decisão. Toda vez que o Congresso decide alterar o texto original das MPs, elas passam a tramitar pelas vias ordinárias como projetos de leis de conversão (PLV), sem abreviações de prazo ou dispensa de formalidades regimentais.

Da promulgação do texto constitucional até os dias atuais, a regulação das MPs mudou bastante. Originalmente, elas tinham validade de 30 dias, expirando se fossem rejeitadas ou se o Congresso Nacional deixasse de apreciá-las. Entretanto, o presidente da República conseguia contornar o problema daquelas que caducassem por falta de manifestação do Congresso: bastava lançar mão do ato de reeditar as MPs.

A reedição fazia uma MP passar a valer por mais 30 dias, e a saída poderia replicar-se indefinidamente, sem quaisquer limites.

Como a própria Constituição não especifica o que se entende pelos casos de **urgência** e **relevância** capazes de justificar a edição de MPs, o Poder Executivo tinha como construir uma argumentação de cunho político e reintroduzir as mesmas medidas o quanto desejasse. Além do que, liberava, na prática, a base legislativa do governo de se ver obrigada a expressar um apoio público sobre os assuntos das MPs, em geral, controversos. Porém, após um entendimento de que o uso da MP estaria excessivo e afastando-se da função idealizada pelos constituintes de 1987, o Congresso aprovou a Emenda Constitucional n. 32, em setembro de 2001 (EC n. 32/2001), colocando uma série de limites ao conteúdo e ao trâmite das MPs (Brasil, 2001). Dali em diante, por exemplo, ficou proibido o ato de reeditá-las, permitindo-se uma única prorrogação por 60 dias – e sem atualizações no texto da prorrogação. Contudo, em termos da tramitação das MPs, o ponto mais crucial da revisão constitucional foi a fixação de um prazo de 45 dias para que o Congresso Nacional aprecie a matéria. Se descumprir o prazo, a pauta legislativa trava até a apreciação da MP acontecer. Para limitar ainda mais o alcance das MPs, a EC n. 32/2001 definiu também que, caso a conversão em lei não ocorra em 60 dias, prorrogável uma única vez por igual período, a matéria perderá sua eficácia desde a edição (Brasil, 2001).

Os dados da Tabela 3.5, a seguir, informam o percentual de leis ordinárias originadas em MPs desde 1988 até 2006, por governos presidenciais.

Tabela 3.5 – Percentual de leis ordinárias originadas em MPs, por governos e legislaturas (1988-2006)

Legislatura		Presidente	Leis originadas em MPs (A)	Total de leis (B)	% (A/B)
Começo	Fim				
05/10/1988	14/03/1990	Sarney	94	416	22,6
15/03/1990	31/01/1991	Collor	68	171	39,8
01/02/1991	02/10/1992	Collor	7	293	2,4
03/10/1992	31/12/1994	Itamar	69	504	13,7
01/01/1995	31/12/1998	FHC I	129	805	16
01/01/1999	31/12/2002	FHC II	154	860	17,9
01/01/2003	31/12/2006	Lula I	218	792	27,5
15/03/1985	31/12/2006	Total	739	3841	19,2

Fonte: Amorim Neto, 2009, p. 121.

De acordo com os números, cerca de um quinto (19,2%) das leis ordinárias aprovadas entre 1988 e 2006 provém de MPs. Até a edição da EC n. 32/2001, 616 MPs tinham sido editadas e as reedições chegavam ao número de 5.513. Mesmo com o novo rito de tramitação, continua crescendo o número de leis ordinárias provenientes das MPs. A literatura disponível não é consensual sobre a forma de compreender o ponto, mas a questão do trancamento de pauta tem chamado a atenção.

A Tabela 3.6, a seguir, apresenta a distribuição percentual das sessões deliberativas do plenário da Câmara dos Deputados em razão do trancamento de pauta criado por MPs desde 2001 até 2006.

Tabela 3.6 – Distribuição percentual das sessões deliberativas do plenário da Câmara dos Deputados em razão do trancamento de pautas por MPs

Ano	Com trancamento		Sem trancamento		Total
	(n)	%	(n)	%	(n)
2001	1	1.0	102	99.0	103
2002	48	64.0	27	36.0	75
2003	74	43.5	96	56.5	170
2004	104	71.7	41	28.3	145
2005	113	75.8	36	24.2	149
2006	93	66.4	47	33.6	140
Total	433	55.4	349	44.6	782

Fonte: Inácio, 2009, p. 365.

Como você observou, a tabela mostra que o trancamento da pauta das sessões deliberativas na Câmara, provocado pelas MPs, tornou-se uma realidade após a aprovação da EC n. 32/2001. A partir do ano seguinte, em média, pouco mais da metade das sessões têm ficado suspensas para tratar das MPs, o que pode sugerir que o trancamento da pauta funciona como um incentivo para a apresentação de mais MPs – e não como um desincentivo. Considerando que o plenário já não tem tempo suficiente para discutir toda a legislação normalmente, situações excepcionais, como o trancamento de pauta, diminuem ainda mais o espaço hábil para deliberação. No limite, a forma de abrir a pauta trancada por uma MP é apresentar outra, o que vai contra a ideia idealizada pela EC n. 32/2001 de utilizar o trancamento de pauta como um empecilho à edição desenfreada de MPs.

Como vimos, o Congresso deve apreciar as MPs e detém a competência de modificá-las, o que gera, por si só, incentivos para eventual participação do Legislativo nesse tipo de matéria legislativa.

A Tabela 3.7, a seguir, mapeia essa participação do Congresso apresentando as MPs que foram alteradas pelos congressistas e convertidas na forma de PLV em comparação com as MPs inalteradas; os dados referem-se aos governos Lula e Dilma:

Tabela 3.7 – MPs por governo e tipo de tramitação

Presidência	MPs sem PLV			MPs com PLV		
	Aprovadas	Rejeitadas	Total	Aprovadas	Rejeitadas	Total
Lula I	82	11	93	135	12	147
Lula II	51	18	69	98	12	110
Dilma I	19	28	47	89	9	98
Total	152	57	209	322	33	355

Fonte: Elaborado com base em Jacobsen, 2016.

Em primeiro lugar, os dados confirmam o sucesso das propostas vindas do Executivo considerando que apenas 16% das MPs não são aprovadas. Além disso, observamos que, das MPs emitidas (564), a maioria (355) sofre alteração no Congresso (63% delas). Esses números confirmam a importância da interseção entre os dois poderes e, sobretudo, corroboram o quanto a prerrogativa legislativa do Poder Executivo via MPs mostra-se compartilhada. O fato de que a maioria das relatorias fica a cargo de partidos-membros da coalizão governista (Cunha, 2014) evidencia o contexto dessas alterações – no caso, o império do presidencialismo de coalizão, tendo em vista que os partidos alinhados com o presidente da República são os que mantêm o controle sobre a tramitação das MPs no Congresso.

Isso diverge do entendimento de que a MP representaria um instrumento arbitrário nas mãos dos presidentes interessados em se desviar dos interesses do Legislativo (Mainwaring, 1993). Mesmo assim, o conteúdo das mudanças aprovadas pelos congressistas é sujeito a fortes críticas. Afinal, os congressistas incluem itens não necessariamente ligados ao conteúdo da MP. É o que os próprios parlamentares têm chamado de "jabutis".

De qualquer forma, deve-se entender que a MP não significa um dispositivo qualquer a mais nas mãos do presidente, mas sim uma delegação das funções legislativas oriundas do Congresso Nacional. Ao permitir o emendamento, o processo de tramitação das MPs garante o controle dessa delegação, em particular, da coalizão que apoia o presidente da República. O texto da Seção *Importante!*, a seguir, caracteriza a lógica da adoção da medida provisória.

> **Importante!**
>
> **As origens da medida provisória**
>
> No âmbito do direito, questiona-se o uso de MPs como instrumento legislativo. Elas costumam ser mal avaliadas em virtude da forma como a área interpreta, normativamente, a separação dos poderes, antecipada no Capítulo 1. Raciocínio este que considera toda possibilidade de atuação legislativa do Poder Executivo uma intromissão indevida na arena do Poder Legislativo. No caso específico das MPs, essa má impressão aprofunda-se em razão da associação imediata com os antecedentes do dispositivo, isto é, o antigo decreto-lei, previsto no art. 55 da Constituição de 1967 e amplamente utilizado pelos presidentes militares.

> Cabe observar, porém, que instrumentos similares, conferindo poderes legislativos unilaterais aos Executivos, são a norma nas democracias contemporâneas, encontrados em países europeus (como França, Espanha, Itália, Portugal) e latino-americanos (a exemplo do Chile e da Argentina). A constituição chilena, por exemplo, permite ao presidente da República editar decretos com força de lei, com prévia delegação do Congresso, sobre matéria prevista na Constituição. A MP brasileira, prevista pela Constituição de 1967, na verdade, é inspirada no modelo italiano, que adotara o *decreto-legge* na Constituição de 1947. Embora persistam diferenças de ordem técnica, no que diz respeito ao conteúdo e à forma de tramitação, o decreto-lei faz parte das opções de atuação legislativa à disposição de muitos governos, portanto devemos rebater quem considera a MP um abuso do Poder do Executivo alegando violação à independência dos poderes na medida em que o poder de legislar pertence ao Legislativo.

A urgência constitucional

A Constituição de 1988 também garante ao Poder Executivo o direito de solicitar urgência para a apreciação de projetos de iniciativa do presidente da República (Brasil, 1988, art. 64). Originalmente, não havia prazo estipulado para o Congresso manifestar-se a respeito da requisição da urgência. Trata-se de mais um ponto alterado pela Emenda Constitucional n. 32/2001, que estabeleceu um limite máximo de 45 dias em cada Casa do Congresso para a matéria ser apreciada. Se a Câmara e o Senado não se manifestarem sobre a urgência constitucional solicitada pelo Executivo nesse prazo, a pauta ficará trancada, com o sobrestamento de todas as demais deliberações de cada

Casa, exceto as que tenham prazo constitucional determinado (Brasil, 1988, art. 64, § 2º).

O poder de veto

Toda legislação aprovada pelo Poder Legislativo é enviada para o Poder Executivo reagir a ela em até 15 dias. O veto representa uma resposta negativa à mudança do *status quo* operada pelos legisladores. Se o presidente da República não se manifestar nesse prazo, a matéria torna-se, automaticamente, lei. Caso o presidente prefira posicionar-se, tem a possibilidade de indicar sua concordância pela chamada *sanção presidencial* ou, ao contrário, apontar sua insatisfação pela via dos vetos parcial ou total. Trata-se de um forte poder nas mãos dos presidentes, já que o veto permite impedir a aprovação de uma lei na íntegra (veto total) ou de partes específicas (veto parcial).

As matérias vetadas retornam ao Congresso Nacional para que Câmara e Senado se manifestem, em definitivo, sobre o veto. Toda deliberação de veto acontece por maioria absoluta dos membros do Congresso. Caso ocorra a chamada *derrubada do veto*, com a rejeição dele pelos congressistas, o projeto transforma-se em lei exatamente como fora aprovado pelo Congresso. Em caso de veto total mantido, o projeto será arquivado. Por fim, em presença de veto parcial, o Congresso deliberará novamente, apenas sobre a parte vetada e, havendo derrubada desse veto, ficará mantida a lei.

A Tabela 3.8, a seguir, retoma os dados relativos à tramitação das MPs nos governos Lula e Dilma em razão do impacto dos vetos presidenciais.

Tabela 3.8 – Vetos presidenciais às MPs por governo e tipo de tramitação

Presidência	MPs sem PLV		MPs com PLV		
	Aprovadas	Com veto	Aprovadas	Com veto total	Com veto parcial
Lula I	82	0	135	0	48
Lula II	51	0	98	0	57
Dilma I	19	0	89	0	50
Total	152	0	322	0	155

Fonte: Elaborado com base em Jacobsen, 2016.

Conforme a Tabela 3.8, não houve veto às 152 MPs que tramitaram no Congresso Nacional e não foram objeto de mudanças. O presidente interveio apenas quando os congressistas alteraram o conteúdo da matéria originalmente enviada. Nesses casos, o presidente adotou o mecanismo do veto parcial, ou seja, não vetou o PLV na íntegra, mas apenas algumas partes (cerca de 48% das MPs). Ainda que o presidente concorde completamente com o texto modificado pelo Congresso 52% das vezes, a adoção do veto parcial sinaliza para dois panoramas. Um deles, mais intuitivo, no qual podemos subentender a existência de conflito do Poder Executivo com o Legislativo sobre determinados aspectos. O outro panorama, menos óbvio, permite interpretar o veto parcial como sinal de um ajuste feito pelo presidente, dada a impossibilidade da coalizão que o apoia chegar a um consenso sobre a matéria.

Dito de outra forma, restaria ao presidente o ônus de corrigir eventuais falhas registradas na coordenação legislativa entre os partidos políticos, ou, ainda, eliminar trechos não pertinentes, isto é, os chamados *jabutis*, frequentemente, inseridos nas MPs por interesses políticos e partidários, mas pouco relacionados com o conteúdo inicial delas.

Síntese

Neste capítulo, demonstramos que o Poder Executivo, no Brasil, tem instrumentos para condicionar o ritmo e o conteúdo dos trabalhos legislativos. Lembrando o que vimos no segundo capítulo, podemos afirmar que o Brasil tem mecanismos formais altamente centralizados. As MPs e as matérias sob urgência presidencial, literalmente, trancam a pauta do Congresso, que não tem como ignorá-las. O veto presidencial funciona, inclusive, como última tentativa realizada pelo Executivo para influenciar a produção legislativa. Isso significa que, se o presidente dispõe de instrumentos constitucionais e regimentais para legislar, ele deve buscar coordenar-se com o Congresso Nacional para ser eficiente.

Também ressaltamos que, na Câmara, por sua vez, as instâncias legislativas são loteadas, basicamente, por critérios partidários. Tudo considerado, a margem para a ação individual dos deputados fica muito reduzida, ao contrário do senso comum. Portanto, assim como se observa em outras democracias, o processo legislativo é fortemente atrelado à capacidade dos partidos de governo e de seus líderes de coordenar uma ação para tornar eficiente o processo legislativo

No próximo capítulo, você estudará mais provas nesse sentido.

Questões para revisão

1. Como ocorre a escolha dos políticos que ocuparão os cargos na Mesa Diretora das Casas Legislativas?

2. Comente os motivos teóricos e empíricos por trás da seguinte afirmação: "A composição das comissões permanentes indica o viés eminentemente partidário que pauta a indicação dos seus integrantes".

3. Indique se as afirmações a seguir são verdadeiras (V) ou falsas (F).

( ) O *time* do processo legislativo depende de vários fatores, mas, crucial, é a importância do papel do presidente da Mesa para a definição do rito de tramitação das proposições.

( ) A medida provisória é um poderoso instrumento legislativo nas mãos do presidente da República que usurpa as funções legislativa do parlamento.

( ) A CCJC é uma das comissões mais importantes da Câmara dos Deputados em virtude de suas atribuições regimentais que lhe conferem o poder de declarar a inconstitucionalidade sobre os projetos de lei e de vetar a tramitação de pautas cobertas pelas outras comissões.

( ) Os líderes assumem uma posição privilegiada no processo legislativo porque funcionam como delegados de seus liderados, assumindo o direito de demandar uma série de procedimentos sem a necessidade de mobilizar deputado a deputado em busca de assinaturas ou de qualquer outro tipo de apoio.

Agora, assinale a alternativa que corresponde à sequência correta:

a) V, F, V, V.
b) V, V, V, F.
c) V, V, F, V.
d) F, F, V, V.
e) F, V, V, V.

4. Indique se as afirmações a seguir são verdadeiras (V) ou falsas (F).

( ) No Congresso Nacional, a distribuição dos cargos nas diferentes instâncias decisórias segue uma lógica partidária.

( ) O veto presidencial representa uma resposta negativa à mudança do *status quo* operada pelos legisladores.

( ) A medida provisória brasileira prevista pela Constituição de 1967 é, na verdade, inspirada no modelo italiano que adotara o *decreto-legge* na Constituição de 1947.

( ) A tese distributivista afirma que os parlamentares escolhem a comissão mais próxima das preferências do próprio eleitorado.

Agora, assinale a alternativa que corresponde à sequência correta:

a) V, F, F, V.
b) V, V, V, F.
c) V, F, F, V.
d) V, V, V, V.
e) V, V, F, F.

5. Indique se as afirmações a seguir são verdadeiras (V) ou falsas (F).

( ) Os postos-chave relevantes para a tramitação legislativa dizem respeito às presidências das comissões, pois seus presidentes concentram recursos de poder, como, por exemplo, a prerrogativa de designar os relatores das matérias.

( ) É falso que a Constituição de 1988 também garante ao Poder Executivo o direito de solicitar urgência para a apreciação de projetos de iniciativa do presidente da República.

( ) A dificuldade em definir uma agenda da maioria para votar as matérias legislativas ocorre em razão da falta de coordenação interna entre os partidos, e faltam lideranças capazes de articular entre os inúmeros partidos políticos existentes.

( ) A mobilização de poucos dispositivos regimentais garante a implementação da agenda governamental.

Agora, assinale a alternativa que corresponde à sequência correta:

a) V, V, F, V.
b) V, F, F, F.
c) V, V, V, V.
d) V, F, F, V.
e) V, V, F, F.

Questões para reflexão

1. Justifique a seguinte frase levando em conta os mecanismos decisórios estudados neste capítulo:

    As evidências apresentadas negam o diagnóstico dominante na literatura, segundo o qual o país viveria uma crise de governabilidade decorrente de um conflito entre Executivo institucionalmente frágil e um Legislativo fortalecido pelo texto constitucional mas incapaz de agir devido à ausência da necessária estrutura partidária. (Figueiredo; Limongi, 1999, p. 11)

Para saber mais

AMORIM NETO, O. O Brasil, Lijphart e o modelo consensual de democracia. In: MAGNA, I.; RENNÓ, L. (Org.). **Legislativo brasileiro em perspectiva comparada.** Belo Horizonte: Ed. da UFMG, 2009. p. 105-131.

Nesse capítulo do livro, o autor pensa o caso brasileiro à luz da diferenciação clássica entre democracias consensuais e majoritárias de Arend Lijphart. De acordo com Amorim Neto, o Brasil apresenta alto grau de consociativismo, mesmo sendo um país em que prevalecem clivagem étnicas ou religiosas. Apesar dos benefícios para o regime político, o autor ressalta os altos custos de funcionamento do consociativismo à brasileira, sobretudo, no que tange à ineficiência e à paralisia decisórias.

FIGUEIREDO, A. C.; LIMONGI, F. P. **Executivo e Legislativo na nova ordem constitucional.** Rio de Janeiro: Ed. da FGV, 1999.

Trata-se de um texto clássico e extremamente citado, resultado de pesquisas inéditas sobre o funcionamento do Congresso Nacional. Sua importância deriva da mensagem defendida pelos autores de que a democracia brasileira é bem-sucedida e, de acordo com seu diagnóstico, os partidos políticos seriam instituições centrais para compreender os *outputs* legislativos. É obra fundamental para o entendimento do presidencialismo de coalizão.

SANTOS, F. Partidos e comissões no presidencialismo de coalizão. **Dados**, Rio de Janeiro, v. 45, n. 2, p. 237-264, 2002.

Fabiano Santos também se insere no debate sobre o funcionamento do presidencialismo de coalizão e a organização dos trabalhos legislativos. Nesse artigo, o autor enfatiza o desempenho das comissões permanentes da Câmara e explora os mecanismos de funcionamento dessas instituições no pós-1988, comparando-o com o período democrático de 1946-1964.

Capítulo 4
Sistemas eleitorais
e comportamento legislativo

Conteúdos do capítulo:

- Conceitos básicos de conexão eleitoral.
- Instrumentalização da conexão eleitoral pelos políticos para beneficiar os eleitores.
- Efeito do presidencialismo de coalizão na arena legislativa.

Após o estudo deste capítulo, você será capaz de:

1. avaliar o caso brasileiro em perspectiva comparada;
2. entender a lógica de funcionamento do Congresso Nacional;
3. repensar a centralidade dos partidos políticos como atores que minimizam a atuação individual dos parlamentares.

Até agora, evidenciamos que a produção legislativa pode ser explicada pela capacidade decisória da coalizão que apoia o presidente da República e pelas regras procedimentais que organizam os trabalhos no Congresso Nacional. Ambos os aspectos competem com uma terceira abordagem, que ressalta a relação entre políticos/partidos e eleitores como fator explicativo do que ocorre na arena legislativa. Em particular, há quem defenda que os atores políticos são, eleitoralmente, orientados, tendendo a beneficiar os eleitores quando alcançam o poder, justamente, visando à recompensa no momento da disputa à reeleição. Um raciocínio que, por extensão, presume o conteúdo das leis como consequência direta da influência dos eleitores e/ou de grupos organizados sobre os congressistas.

Vejamos como essa interpretação aplica-se para o caso brasileiro e se, de fato, faz sentido para explicar a produção legislativa dos legisladores. Neste capítulo, assumiremos que os eleitores são indivíduos que cobram do político atuação legislativa. No próximo capítulo, olharemos para os grupos de interesses, entendidos como um conjunto de indivíduos coordenados entre si e que também exerce pressão e influência sobre a formação da *policy* sob vários ângulos. A ideia é incorporar uma literatura que considera relevante o papel dos grupos organizados para explicar os *outputs* legislativos.

(4.1)
Teoria da conexão eleitoral

A relação entre cidadãos e políticos constitui parte essencial do bom funcionamento das democracias contemporâneas. Considerar as eleições como o mecanismo central da democracia é limitado e pouco condizente com os achados dos estudos que capturam as expectativas nutridas pelos eleitores em torno do comportamento dos políticos durante o mandato. O cálculo racional por trás da decisão do voto dado pelo eleitor pode pautar-se não apenas nas políticas implementadas pelos governos passados (Fiorina, 1981), mas como também nas promessas futuras (Downs, 1957).

Trazer esse tipo de reflexão para a arena legislativa significa questionar, antes de tudo, que tipo de políticas os indivíduos desejam. Você saberia apontar em que medida as regras institucionais condicionam a relação entre cidadãos e políticos?

A noção de **conexão eleitoral**, cunhada por David Mayhew (1974) com base no caso americano e adotada, posteriormente, por vários autores, ajuda a refletir sobre esse questionamento. Em linhas gerais, a conexão eleitoral reconhece a existência de um vínculo entre eleitores e partido, ou entre eleitores e políticos. No primeiro caso, a ideia é a de que o eleitor decide seu voto estritamente por questões partidárias. Já no segundo tipo de conexão, destacamos a influência individual do político sobre a decisão de voto do eleitor. Uma influência que passou a ser chamada de *voto pessoal* e define-se como

> aquela porção de suporte que o candidato possui e que se origina como função das suas qualidades, qualificações, atividades e comportamentos. A parte de voto que não é pessoal inclui o suporte para o candidato que está baseado na sua afiliação partidária, características determinadas do eleitorado como a classe, a religião e a etnia, reação a condições nacionais como o estado da economia, e avaliação das performances do governo.
> (Cain; Ferejohn; Fiorina, 1987, p. 9)

Para muitos, esse argumento de que existe um tipo de voto capturado mais pelas características individuais do político é reconduzível à crise dos partidos como atores capazes de representar os interesses do cidadão comum, de forma a servir de ponte de medição entre a sociedade e o mundo da política.

O raciocínio pioneiro de Mayhew (1974) sobre a existência de uma conexão eleitoral atingiu outro patamar quando Bruce Cain, John Ferejohn e Morris Fiorina publicaram o livro *The Personal Vote: Constituency Service and Electoral Independence*, em 1987, apropriando-se da lógica do voto pessoal para pensar também o caso inglês. Esse exercício serviu de catapulta para a teoria da conexão eleitoral, na medida em que a aplicava além do contexto americano, abrindo caminho aos estudos comparados por meio da análise de outros casos.

Isso tornou-se possível porque Cain, Ferejohn e Fiorina (1987) chamaram a atenção para uma série de regras eleitorais capazes de incentivar o comportamento individualista dos políticos desconsiderada por Mayhew (1974). Em sua versão original, a tese da conexão eleitoral apresentada pelo autor considerava o sistema eleitoral americano, no qual os deputados federais devem eleger-se por maioria simples em distritos uninominais, isto é, no qual há apenas uma cadeira em disputa. Entretanto, o trabalho de Cain, Ferejohn e Fiorina (1987) afirma que não basta a presença de distritos uninominais para um candidato gozar de suporte eleitoral de tipo pessoal. Os autores argumentam que outras regras eleitorais também podem estimular o voto pessoal, a exemplo dos sistemas em que os eleitores conseguem votar na figura individual do candidato. Caso contrário, quando a regra eleitoral obriga os eleitores a votar em uma lista de candidatos pré-organizada pelos partidos, os incentivos ao voto pessoal diminuiriam significativamente.

Anos depois, Carey e Shugart (1995) retomaram o debate sobre conexão eleitoral quando tentaram construir uma estimativa da reputação pessoal em perspectiva comparada, baseada em diferentes regras do sistema eleitoral. De acordo com os autores, o nível de incentivo à reputação pessoal do político pauta-se em quatro fatores:

1. o controle dos líderes partidários sobre a seleção dos candidatos;
2. a capacidade concedida ao eleitor de alterar a ordem das candidaturas no ato do voto;
3. se os votos dados a um candidato são contabilizados para ele antes do que para o partido;
4. se o eleitor vota para candidatos e/ou partidos.

Assim, a incapacidade de que os líderes controlem as candidaturas, a chance de o eleitor poder alterar a lista preestabelecida pelos partidos, a contagem dos votos para os candidatos e o voto dado diretamente ao político representam, em conjunto, o nível máximo de reputação pessoal derivado das leis eleitorais. Nessa situação, a competição intrapartidária está maximizada, já que os candidatos não apenas concorrem com políticos de outros partidos, mas também disputam cadeiras entre si, como membros da mesma chapa partidária.

Carey e Shugart (1995) ponderam, entretanto, que o grau de reputação parece condicionado à magnitude eleitoral, isto é, ao número de cadeiras do distrito eleitoral. A Figura 4.1, apresentada na sequência, sintetiza essa visão: no eixo vertical (y) está a representação gráfica do nível de reputação pessoal, que varia de baixo a alto; no eixo horizontal (x) está representado o nível de magnitude dos distritos eleitorais, em que 1 significa que apenas um deputado elege-se por distrito. É o caso dos países que adotam um sistema majoritário, como Reino Unido e Estados Unidos.

A magnitude, no Brasil, varia entre 8 (número de deputados eleitos por 11 estados brasileiros, como o Acre) e 70 (o caso de São Paulo, estado com maior bancada na Câmara dos Deputados). A linha tracejada separa os casos em que há competição intrapartidária (abaixo da linha) daqueles em que ela não ocorre. As linhas contínuas representam a tendência no nível de reputação pessoal.

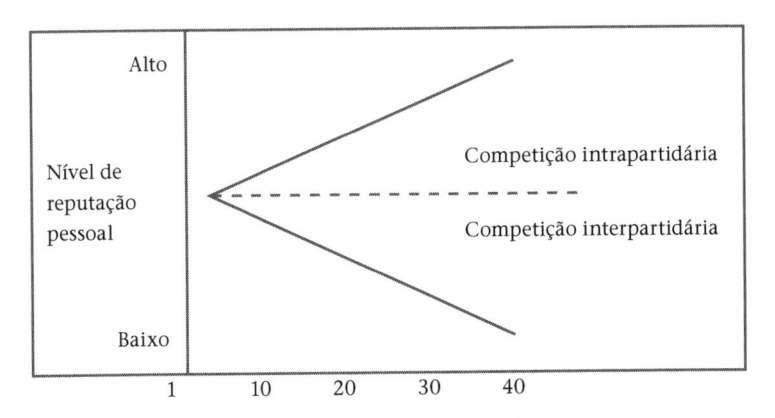

Figura 4.1 – Relação entre magnitude e nível de voto pessoal

```
                    Alto
                           \
                            \
                             \
Nível de                      \      Competição intrapartidária
reputação                      <----------------------------
pessoal                       /      Competição interpartidária
                             /
                            /
                           /
                    Baixo
                      1   10   20   30   40
```

Fonte: Elaborado com base em Ricci, 2006.

Comparativamente, o Brasil representaria um nível elevado de incentivo ao personalismo porque combina regras de contagem dos votos que valorizam a *performance* individual de cada candidato e níveis elevados de magnitude eleitoral. É notória a desafeição dos eleitores aos partidos no Brasil. Como Jairo Nicolau (2017) afirmou em trabalho recente, ainda que o eleitor consiga identificar-se com algum partido político brasileiro, demonstrando simpatia por ele, os que, de fato, votam partidariamente para deputado federal não passam de 4%. Cabe lembrar, também, que o atual sistema eleitoral brasileiro não mudou muito em relação ao da democracia de 1946-1964. Então, podemos assumir que os eventuais efeitos produzidos pelas regras eleitorais seriam os mesmos para os dois períodos. A questão que surge, então, remete ao tipo de interação esperada entre político eleito e sua base eleitoral. O que os eleitores esperam dos respectivos candidatos no Congresso Nacional? Vejamos, a seguir, os efeitos sobre a produção legislativa.

(4.2)
Efeitos sobre a produção legislativa

A resposta que os teóricos da conexão eleitoral dão para a atuação do político na arena legislativa é simples: ele atua para beneficiar seus eleitores. Dando ênfase à produção de leis geograficamente limitadas, caracterizadas por distribuir benefícios específicos – como asfaltamento de ruas, reforma de escolas, ou a construção de hospitais, por exemplo –, o deputado conseguiria obter a aprovação de seu mandato pelos eleitores, angariando, assim, os votos necessários para ser conduzido à reeleição (Cain; Ferejohn; Fiorina, 1987; Mayhew, 1974). Trata-se das chamadas *políticas paroquiais* (conhecidas como *pork barrel*, em inglês), pela sua conotação local, isto é, limitadas territorialmente para atender a um seleto grupo de eleitores.

Carey e Shugart (1995), porém, têm algumas ressalvas quando se trata de deduzir a atuação legislativa do político eleito por um voto de tipo pessoal. Segundo os autores, a reputação de cada legislador não se constrói, exclusivamente, pela sua capacidade de produzir políticas paroquiais. Eles observavam que a "conduta paroquialista dos políticos poderia ter menos importância conforme a magnitude do distrito eleitoral aumentasse" (Carey; Shugart, 1995, p. 430)[1].

O motivo por trás disso referia-se aos desincentivos que magnitudes maiores traziam para a ação individual dos políticos, sobretudo, diante da probabilidade de outros políticos tentarem "pegar carona" em um mesmo projeto de lei paroquial e de autoria individual, apenas para ganhar os eleitores (Lancaster, 1986; Lancaster; Patterson, 1990). Isso é evidente para o caso brasileiro, onde não há distritos uninominais como nos Estados Unidos e a maioria dos deputados

---

[1] Salvo casos como o do Brasil, onde os políticos têm meios de criar uma espécie de subdistrito eleitoral informal no distrito pelo qual se elegem, conseguindo influenciá-lo diretamente.

federais elege-se em distritos de grande magnitude. Assim, por exemplo, considerando que a Bahia elege 39 deputados, quando um deles consegue aprovar uma lei, isso não impede que os outros 38 arroguem-se o direito de reclamar participação na formulação dessa lei perante os eleitores de todo o estado.

Contudo, essa ponderação de Carey e Shugart (1995) foi deixada de lado pela maioria dos analistas. A tendência das pesquisas tem sido investir na mensuração do impacto do voto pessoal sobre a produção legislativa a despeito da possibilidade de que os incentivos eleitorais ao comportamento individualista dos legisladores não necessariamente se converte em *pork barrel* (Morgenstern; Swindle, 2005; Swindle, 2002).

Você pode estar pensando: Afinal, como se deve analisar os efeitos da conexão eleitoral sobre o comportamento legislativo? O padrão seguido pelos especialistas centra-se em duas questões básicas: (1) a **produção legislativa em números**; e (2) o **conteúdo das leis**. Do ponto de vista quantitativo, acredita-se que a atividade legislativa deve ser, teoricamente, maior em sistemas eleitorais voltados à competição pessoal. O raciocínio é simples: contextos em que o voto pessoal domina incitam o político a "mostrar serviço". A apresentação de projetos de lei pode representar uma excelente oportunidade para o político aparecer diante de seus eleitores. Isso não teria a mesma importância em sistemas eleitorais em que há competição centrada no partido. Especialmente porque o partido pode escolher delegar ao Executivo decisões relativas à proposição de novas leis, e o Executivo, de sua parte, está, constitucionalmente, encarregado da definição de políticas de cunho nacional – e não local. Como resultado, sistemas eleitorais centrados na competição partidária criariam uma lógica da ação legislativa centrada, que inibiria políticas de tipo *pork barrel* (Kitschelt, 2000; Shugart, 2001).

O texto da Seção *Importante!*, apresentado na sequência, explica melhor como e onde surgiu o termo *pork barrel*, traduzido para o português como *política paroquialista*.

Já com relação ao conteúdo das leis, a literatura especializada associa, automaticamente, voto pessoal com atividades de caráter local. Comparando a produção legislativa de Argentina, Chile, Colômbia, Costa Rica, Honduras e Venezuela, Brian Crisp e colegas encontraram evidências nesse sentido, afirmando que o voto pessoal "gera níveis crescentes de projetos de lei tipo *pork barrel*" (Crisp et al., 2004, p. 843, tradução nossa).

Na mesma linha, Barry Ames (2001), focado no estudo do Brasil, entende que os deputados apresentam propostas de lei paroquiais em busca de apoio eleitoral. Evidências de predomínio de *pork barrel* têm surgido, até mesmo, do estudo do caso da Colômbia, que reformou a legislação criando um único distrito nacional para as eleições ao Senado, mas nem por isso tornou o comportamento legislativo dos políticos mais programático. Nesse caso, Crisp e Ingall constataram que os senadores continuaram envolvendo-se com políticas paroquiais graças à falta de controle partidário no processo de formação das listas eleitorais (Crisp; Ingall, 2002).

Em geral, os comparativistas enfatizam a racionalidade que as atitudes paroquiais representam em contextos caracterizados pelo predomínio do voto pessoal (Morgenstern; Swindle, 2005; Shugart; Valdini; Suominen, 2005).

Importante!

A origem do termo *pork barrel*

Na literatura especializada, *pork barrel* é a expressão utilizada para definir políticas de cunho paroquial, como gastos orçamentários que um político consegue destinar para beneficiar os eleitores do seu reduto eleitoral com vistas a cativar o apoio deles durante a disputa à reeleição na forma de votos e, até mesmo, de contribuições de campanha.

Como o próprio nome sugere, a origem dessa expressão remonta aos barris utilizados para armazenar a carne de porco conservada no sal, antes da existência dos sistemas de refrigeração. Acredita-se que a noção de *pork barrel politics* entrou para o vocabulário político nos Estados Unidos em alusão a uma prática dos tempos da escravidão, quando um barril de carne de porco era oferecido como recompensa aos escravos, estimulados a competir entre si para conseguir seu quinhão de carne (Maxey, 1919).

No início, a expressão designava recursos da União que seriam distribuídos entre os estados. Com o passar do tempo, porém, *pork barrel* assumiu uma conotação negativa e chegou ao sentido atual, que remete à estratégia eleitoreira dos políticos de propor políticas públicas paroquiais para sinalizar ao eleitorado como são competentes e dignos de se manter no poder. Tanto que surgiu uma variante da expressão: a *pork barrel spending*, utilizada para descrever o desperdício de recursos públicos com medidas paroquiais.

O principal motivo por trás da má avaliação de políticas do tipo *pork barrel* é o caráter seletivo de seus beneficiários diretos. Embora todos os contribuintes devam pagar os impostos, apenas um grupo seleto deles receberá o retorno de seus tributos na forma de políticas públicas concretas.

(4.3)
EFEITOS SOBRE A PRODUÇÃO LEGISLATIVA: O CASO DO BRASIL

É bem interessante pensar o caso brasileiro comparando a experiência democrática atual com a democracia de 1946-1964. Para levar a cabo esse exercício, vale a pena recuperar o que já abordamos nos capítulos anteriores. Ambos os regimes combinavam o presidencialismo com a representação proporcional de lista aberta. Ao contrário dos dias atuais, porém, o Poder Executivo tinha menos prerrogativas legislativas em 1946-1964, quando era o Legislativo que concentrava mais autonomia decisória (Figueiredo; Limongi, 1999). Naquela época, o Congresso não apenas atuava como canal formal de aprovação das políticas governamentais (Santos, 2003), mas também representava o foro básico de formulação e negociação da agenda política do país (Santos, 1997).

Essa configuração criada pela Constituinte de 1946 tinha, justamente, o propósito de edificar um modelo de sistema político que salvaguardasse o direito das minorias (Nogueira, 2005). De acordo com Afonso Arinos de Melo Franco (2005), os constituintes preferiram retomar as linhas tradicionais do processo legislativo anteriores ao Estado Novo. O desenho institucional adotado buscava "evitar os riscos e excessos do sistema extinto" (Franco, 2005, p. 176). Contudo, o resultado disso contribuiu "para a relativa paralisia do Congresso brasileiro [...] em várias incumbências importantes, inclusive em algumas que dizem respeito às próprias leis complementares" (Franco, 2005, p. 177).

Muita coisa mudou de lá para cá. O Brasil pós-1988 adotou o regime democrático, mas sob um modelo de presidencialismo forte em que o Poder Executivo detém amplos poderes de agenda herdados do passado autoritário, a exemplo das prerrogativas de iniciar matérias orçamentárias e de legislar por decreto-lei, para citar algumas. Ao mesmo tempo, o processo legislativo ordinário encontra-se altamente centralizado em torno das lideranças partidárias (Figueiredo; Limongi, 1999). Daí afirmarmos que a agenda legislativa era compartilhada durante 1946-1964, no sentido de ser negociada entre os poderes, ao passo que, no período atual, a agenda legislativa mostra-se praticamente ditada pelo Executivo (Santos, 2003). Isso significa que ficou muito mais difícil para o deputado dos dias de hoje contar com a proposição de leis como meio de garantir a visibilidade política desejada perante seu eleitorado.

Como explicar a coexistência da adoção de regras responsáveis pela centralização do poder de agenda no Executivo e da manutenção de incentivos eleitorais ao voto pessoal?

Vimos que uma interpretação possível dessa centralização dos poderes legislativos no Executivo descreve o processo como uma reação à morosidade inicial dos trabalhos da Assembleia Nacional Constituinte de 1987-1988. Teria sido necessário reformar o regimento interno da Constituinte para acelerar a tramitação do projeto constitucional. Durante o processo de reforma regimental, uma coalizão suprapartidária forma-se e decide centralizar as negociações na figura dos líderes partidários (Gomes, 2006). Trata-se de uma saída adotada, sucessivamente, pela Câmara e pelo Senado em seus respectivos regimentos internos, aprovados em 1989. Dado o histórico, a questão imediata dirige-se aos possíveis impactos das novas regras centralizadoras sobre a produção legal.

O Gráfico 4.1, a seguir, apresenta as leis aprovadas nos períodos 1951-1965 e 1989-2004, segundo o órgão de origem.

Gráfico 4.1 – Produção legal do Brasil por órgão de origem (1951-1965 e 1989-2004)

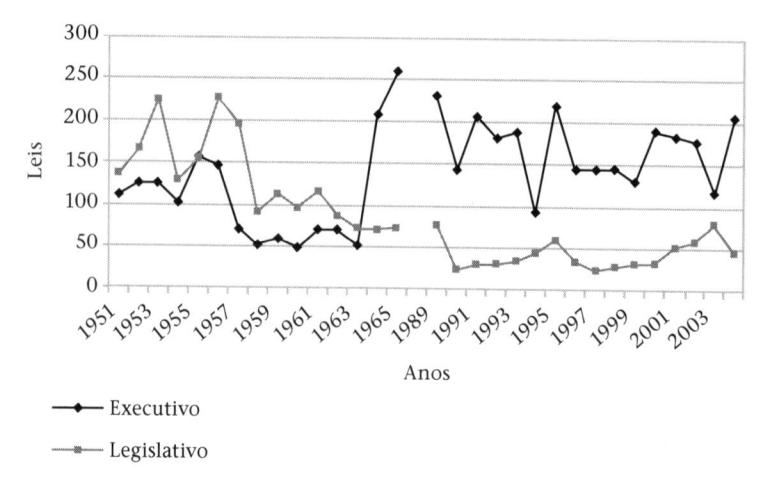

Fonte: Ricci, 2006, p. 77.

O efeito da centralização do processo decisório aparece na quantidade de propostas apresentadas pelo Legislativo que se tornam lei. A diferença entre a primeira experiência democrática e o período atual é muito expressiva. Observamos a dominância legislativa do Congresso entre 1951 e 1965. A situação inverte-se nos anos 1989-2004, quando o Poder Executivo assume protagonismo legislativo. Esse é um quadro que corrobora também para o caso brasileiro, apontado pela literatura comparada a respeito do efeito da centralização das regras decisórias sobre o perfil da produção legislativa.

Do ponto de vista do conteúdo, predominam leis abrangentes – e não aquelas centradas em medidas paroquiais. Uma série de estudos sobre o tema revelou um padrão que desafia a imagem trivial de um Poder Legislativo envolvido em questões localistas (Amorim Neto; Santos, 2003; Lemos, 2001; Ricci, 2003), o que sugere que, a despeito de um sistema eleitoral que estimula a produção de leis paroquiais, a centralização do processo legislativo no pós-1988 condicionou a adoção de políticas de abrangência nacional. O império das leis de natureza particularista teria-se passado na democracia de 1946-1964, com destaque para questões como a concessão de pensões e a regulamentação de profissões, por exemplo (Santos, 2003). Naquele período, sobretudo, as leis iniciadas na Câmara dos Deputados tendiam a transferir recursos de forma concentrada (Santos, 1995). Algo possível graças à descentralização dos trabalhos legislativos e das limitações então existentes ao Poder Executivo, que expandiam a autonomia legislativa dos políticos.

Esses dados referem-se à produção ordinária, porém outra forma de mapear a atuação legislativa dos políticos centra-se na **análise do orçamento**. Para aprofundar o tema sob uma perspectiva histórica, remetemos ao texto da Seção *Importante!*, apresentada na sequência. Parte da literatura considera o projeto orçamentário o alvo de principal interesses dos políticos, haja vista se tratar da fase de definição de como se distribuirão os recursos para a execução de políticas públicas. Embora existam limitações à atuação individual dos legisladores, no Brasil, dado que o processo decisório organiza-se em torno dos partidos políticos, os especialistas reconhecem a importância do projeto orçamentário como instrumento para o político acessar algum recurso capaz de se converter em benefícios tangíveis para sua base eleitoral. Em particular, as emendas individuais ao orçamento materializariam esse meio de distribuir benefícios tangíveis aos eleitores. Os próprios legisladores admitem que a aprovação e a execução de emendas parlamentares representam uma atividade legislativa importante para seu futuro eleitoral (Ricci; Lemos, 2011), entretanto as evidências empíricas sobre o assunto não são conclusivas.

De um lado, há quem encontre uma relação direta entre emendas individuais e sucesso eleitoral (Pereira; Rennó, 2007). De outro lado, há quem conteste essa associação argumentando que o efeito é nulo

(Samuels, 2002). No meio do caminho, alguns autores preferem relativizar a ideia da conexão eleitoral pela lente das emendas ao orçamento por acreditarem que, embora ainda não se possa falar em aumento nas chances de reeleição, têm observado que a alocação de recursos orçamentários para o município afeta positivamente o número de votos recebidos pelo deputado, levando ao aumento da visibilidade do político em sua região (Firpo; Ponczek; Sanfelice, 2015).

Testes também mostraram que apenas emendas individuais ao orçamento executadas como transferências a prefeituras geram votos, principalmente, quando o prefeito é correligionário do político autor da emenda (Baião; Couto, 2017). No limite, isso pode significar que a conexão eleitoral, no Brasil, não é direta, mas mediada por certos atores políticos – no caso, os prefeitos.

> **Importante!**
>
> **O orçamento e os benefícios direcionados: uma velha história**
>
> As tentativas dos políticos de usar a peça orçamentária para incluir propostas que beneficiem alguns redutos eleitorais, ou determinados setores, é antiga e pode ser encontrada no século XIX. No Brasil, há uma forte evidência desse fenômeno durante a Primeira República. Em 1921, os deputados e senadores inseriram emendas criando gastos no projeto orçamentário enviado pelo presidente da República, Epitácio Pessoa, à consideração do Congresso para estabelecer o exercício financeiro de 1922. Em retaliação, o presidente reagiu vetando o projeto orçamentário aprovado pelos congressistas e expondo, nas razões do veto, alguns exemplos claros de medidas paroquiais inseridas no orçamento para beneficiar pessoas específicas.

> Como não existia veto parcial no Brasil, Epitácio Pessoa vetou o projeto orçamentário na íntegra. Isso confinou o exercício orçamentário de 1922 ao orçamento do ano anterior, sem reajustes, como previa a Constituição de 1891, caso ocorresse veto à peça orçamentária. Epitácio valeu-se do episódio para encampar uma reforma constitucional em favor da adoção do veto parcial no país, porém não contou com maioria legislativa para realizar a reforma. Pouco tempo depois, seu sucessor, Arthur Bernardes, elegeu-se em estado de sítio com o mesmo discurso reformista e conseguiu aprovar a única reforma constitucional realizada na Primeira República, em 1926. Essa reforma foi a responsável pela adoção do veto parcial no Brasil e também incorporou o princípio da exclusividade orçamentária, segundo o qual nenhuma matéria estranha ao orçamento pode vir incorporada a ele. Era uma forma de impedir que os congressistas instrumentalizassem a incorporação de emendas ao orçamento de políticas sem nenhuma conotação fiscal, apenas para diminuir os custos de proposições legislativas individuais – e com chances bem menores de aprovação (Zulini, 2016).

(4.4)
DE VOLTA AO PRESIDENCIALISMO DE COALIZÃO

A lógica do funcionamento das relações Executivo-Legislativo, descrita nas seções anteriores, tem pintado um quadro em que a dimensão crucial para entender a produção legislativa passa mais pela influência das regras internas do que pela configuração do sistema eleitoral. Chegou a hora de elucidarmos como o próprio presidencialismo de coalizão adapta-se ao conjunto de regras que ditam o *time* dos trabalhos parlamentares. Importa, especialmente, entender como o Legislativo e a base da coalizão do governo atuam influenciando o conteúdo das propostas apresentadas pelo Executivo.

Do ponto de vista formal, os congressistas podem sugerir mudanças aos projetos de autoria do Poder Executivo durante o processo legislativo via emendas ou projetos substitutivos. As **emendas** permitem modificações pequenas, em artigos, incisos ou até frases e palavras. Os **substitutivos** são apresentados pelos relatores nas comissões que analisam os projetos e, como diz o próprio termo, podem substituir totalmente o texto originário. Nesse caso, portanto, a proposta originária do governo pode ser alterada na íntegra durante o processo legislativo, o que revela um contexto de negociação entre os poderes, no qual o Legislativo consegue participar do processo de formulação das políticas públicas.

O propósito da Tabela 4.1, a seguir, é captar como o Legislativo tem-se comportado diante dessa possibilidade de alterar os projetos de autoria do Executivo. Ela diferencia a situação dos PLs e das MPs (pós-EC n. 32/2001) que viraram lei entre 1988 e 2006 por mandatos presidenciais.

Tabela 4.1 – Leis de autoria do Executivo alteradas pelo Legislativo (por presidentes na sanção)

Situação do projeto do Executivo	Mandatos presidenciais							Total
	Sarney*	Collor	Itamar	FHC I	FHC II	Lula I	Lula II**	
Sem alteração	18 (40,9%)	36 (29,8%)	25 (31,2%)	43 (38,0%)	91 (47,9%)	144 (44,6%)	56 (38,1%)	413 40,6%
Com alteração	26 (59,1%)	85 (70,2%)	55 (68,8%)	70 (62,0)%	99 (52,1%)	179 (55,4%)	91 (61,9%)	605 (59,4%)
Total	44 (100,0%)	121 (100,0%)	80 (100,0%)	113 (100,0%)	190 (100,0%)	323 (100,0%)	147 (100%)	1018 (100,0%)

*A partir de 05 de outubro de 1988.
**Até 31 de dezembro de 2009.
Fonte: Elaborado com base em Santos, 2010.

Esses números mostram que o Legislativo usufrui do processo de emendamento para ajudar a elaborar as políticas públicas. Trata-se de uma oportunidade estratégica para os congressistas conseguirem interferir no formato da produção legal, sugerindo alternativas ao texto original da proposta enviada pelo Executivo.

A questão imediata a se investigar é como isso ocorre, mais precisamente, se as alterações acontecem diretamente em plenário ou pelo filtro das comissões. Rafael Santos (2010) analisou o processo de emendamento, na Câmara e no Senado, aos projetos do Executivo desde o governo Sarney até o segundo mandato de Lula, por meio de projetos de lei ordinários, projetos de lei de conversão e medidas provisórias posteriores à EC n. 32/2001. Segundo o autor, 40,8% dessa legislação não sofreu alterações. Da parte alterada, Santos (2010) observou que as comissões se destacam no processo de emendamento, pois quase metade (45,1%) do total de projetos foi alterada, exclusivamente, pelas comissões. As comissões ainda compartilharam com o plenário outros 9,9% das alterações. O plenário apareceu somente como responsável exclusivo das alterações de meros 4% dos projetos (Santos, 2010).

Esses dados deixam claro o poder do sistema de comissões no presidencialismo de coalizão brasileiro. São elas as grandes responsáveis pela modificação do texto dos projetos enviados pelo Poder Executivo, tornando possível a aprovação de emendas.

Contudo, já vimos, no Capítulo 3, que alguns analistas acreditam no uso estratégico dos pedidos de urgência feitos pelo Colégio de Líderes e de urgência constitucional, realizados pelo Poder Executivo. O propósito seria retirar do estudo das comissões determinadas matérias para abreviar a tramitação e forçar uma tomada de decisão mais rápida em plenário. Nessa perspectiva, o recurso à urgência poderia ter, por trás dele, a intenção de minar a capacidade de emendamento do

Legislativo aos projetos apresentados pelo Executivo. No Capítulo 3, também abordamos que a urgência tornou-se um instrumento muito usado no Brasil. A Tabela 4.2, a seguir, tem o objetivo de esclarecer se existe, de fato, relação entre o tipo de tramitação e a alteração das matérias legislativas. Os dados referem-se apenas a PLs e PLPs e estão desagregados entre Câmara dos Deputados e Senado Federal.

Tabela 4.2 – Relação entre alterações e urgência, por casa legislativa

Câmara dos Deputados		Urgência		Total
		Não	Sim	
Alteração	Não	126 (40,8%)	138 (38,7%)	264 (39,6%)
	Sim	183 (59,2%)	219 (61,3%)	402 (60,4%)
	Total	309 (100%)	357 (100%)	666 (100%)
Senado Federal		Urgência		Total
		Não	Sim	
Alteração	Não	201 (86,3%)	338 (89,9%)	539 (88,5%)
	Sim	32 (13,7%)	38 (10,1%)	70 (11,5%)
	Total	233 (100%)	376 (100%)	609 (100%)

Fonte: Elaborado com base em Santos, 2010.

Observamos que há um padrão diferente de alterações nas duas Casas do Congresso Nacional: embora aprove mais urgências, o Senado altera uma quantidade bem menor de projetos em relação à Câmara dos Deputados. De todo modo, também observamos que, quando se trata da associação entre alterações e pedidos de urgência, Câmara e Senado aprovam mais alterações em projetos tramitando sob urgência comparativamente aos projetos estudados sob regime de tramitação ordinária.

Podemos também nos perguntar se o regime de tramitação altera também a lógica das instâncias legislativas responsáveis pela alteração dos projetos do Executivo. Será que o regime de urgência minimiza a atuação das comissões e torna o plenário o principal autor das alterações? A Tabela 4.3, a seguir, traz exatamente esse levantamento.

Tabela 4.3 – Relação entre instância de alterações e urgência, por Casa Legislativa

Câmara dos Deputados		Urgência		Total
		Não	Sim	
Instância da alteração	Plenário	22 (12,0%)	35 (16,0%)	57 (14,2%)
	Comissão	133 (72,7%)	121 (55,2%)	254 (63,2%)
	Plenário e Comissão	28 (15,3%)	63 (28,8%)	91 (22,6%)
	Total	183 (100%)	219 (100%)	402 (100%)
Senado Federal		Urgência		Total
		Não	Sim	
Instância da alteração	Plenário	3 (9,4%)	4 (10,5%)	7 (10,0%)
	Comissão	26 (81,2%)	23 (60,5%)	49 (70,0%)
	Plenário e Comissão	3 (9,4%)	11 (29,0%)	14 (20,0%)
	Total	32 (100%)	38 (100%)	70 (100%)

Fonte: Elaborado com base em Santos, 2010.

Observe que os números mostram que, independentemente do regime de tramitação, as comissões alteraram mais projetos do que o plenário em ambas as Casas do Congresso. Mais uma vez, confirmamos a importância do sistema de comissões permanentes como foro de inferência do Legislativo nos projetos apresentados pelo Executivo. Entretanto, até agora, mensuramos a interferência do Legislativo nos projetos submetidos pelo Executivo com base nas emendas apresentadas pelos congressistas. De acordo com Andreia Freitas (2016), isso não possibilita avaliar quanto, de fato, o projeto originário foi alterado.

Na verdade, uma emenda pode modificar, relativamente, o projeto, ou desconfigurá-lo completamente. A autora prefere seguir a metodologia de Arantes e Couto (2010) e medir a mudança nos projetos levando em conta os **aditivos**, isto é, decompondo cada projeto por incisos, parágrafos e alíneas. Agindo dessa forma, podemos detalhar melhor as mudanças, capturando eventuais tensões entre Executivo e Legislativo durante a tramitação no Congresso Nacional.

A Tabela 4.4, a seguir, leva em conta a classificação dos dispositivos para os projetos que foram submetidos a veto total ou parcial. Portanto, trata-se de proposta conflituosa, na qual o Legislativo intervém dissociando-se da posição originária do Executivo.

Tabela 4.4 – Número de dispositivos por tipo de projeto

Tipo de projeto	Projetos	Dispositivos do Executivo	Dispositivos do Legislativo	Dispositivos na Lei aprovada
Medida provisória (MPLV)	101	10.451	5.599	13.863
Projetos de Lei (PLs)	70	5.120	3.275	6.062
PLP	8	1.307	1.855	1.450
Total	179	16.878	10.729	21.375

Nota: a soma final dos dispositivos não é calculada como somatória dos dispositivos de Legislativo e do Executivo, uma vez que os dispositivos do Legislativo dependem de ações diferentes, como adição de artigos, modificação e subtração.

Fonte: Elaborado com base em Freitas, 2016.

Dos 179 projetos analisados, Freitas (2016) revela um número significativo de alterações, independentemente da proposta. Em sua maioria (70%), trata-se de alterações aditivas, isto é, que não suprimem algum conteúdo da proposta originária e de abrangência nacional, sem beneficiar regiões específicas. Com base nessa abordagem metodológica, identificamos que o Legislativo como um todo aparece na posição de responsável por 40% dos textos gerados por medida provisória.

Importa ressaltar, também, o papel dos partidos da base governista nas alterações dos projetos vindos do Executivo. Um primeiro dado confirma o relatado no capítulo anterior: os responsáveis pelas mudanças são, em sua grande maioria, os relatores dos projetos (em média, 83%). Acrescentamos a isso outro dado: ainda que os projetos sejam submetidos ao exame de mais de um relator, observa-se a tendência de apenas um único relator ter responsabilidade pelas mudanças do projeto. De acordo com Freitas (2006, p. 91), isso se explica porque o "processo de alteração não é caótico, é coordenado" pela maioria.

A Tabela 4.5, a seguir, ajuda a introduzir o ponto: ela diferencia os dispositivos do Legislativo por **tipo de relação** com o Executivo, no sentido de o autor fazer, ou não, parte da coalizão de apoio ao governo no Congresso.

Tabela 4.5 – Dispositivos do Legislativo por tipo de apoio ao Executivo

Sigla do Partido	Dispositivo do Legislativo		Total
	Dentro da coalizão	Em oposição	
PMDB	38,7 (3.624)	0,4 (38)	39,1 (3.662)
PFL>DEM	5,9 (553)	7,5 (705)	13,4 (1.258)
PSDB	3,5 (326)	4,2 (392)	7,7 (718)
PT	15,8 (1.474)	1,1 (101)	16,8 (1.575)
PDS>PP	5,1 (473)	1,5 (144)	6,6 (617)
PTB	2,7 (256)	0,4 (38)	3,1 (294)
PDT	0,6 (53)	0,8 (75)	1,4 (128)
PL/PR	5,0 (467)	0,0 (0)	5,0 (467)
PSB	2,5 (237)	0,1 (10)	2,6 (247)
TOTAL	82,1 (7.685)	17,9 (1.670)	100,0 (9.355)

Fonte: Freitas, 2016, p. 95.

Os dados não deixam dúvidas: os responsáveis pela alteração são, preponderantemente, membros da coalizão. Um resultado coerente: como os relatores são escolhidos dentro da maioria parlamentar, faz sentido esperar certo grau de coerência com as mudanças e certa afinidade com o Executivo.

Em conjunto, a série de trabalhos recuperados neste capítulo mostra que Executivo e Legislativo não têm agendas concorrentes. Quando o Legislativo intervém modificando os projetos do Executivo, faz isso de forma coordenada, via relatorias e na lógica da maioria que apoia a presidência da República.

Síntese

Neste capítulo, esclarecemos que as regras eleitorais são importantes para entender os incentivos à produção legislativa. Quando as regras fixam normas que viabilizam o voto pessoal, é de se esperar um político mais interessado em beneficiar seus eleitores por meio de projetos locais. Entretanto, salientamos que as regras estruturantes dos trabalhos legislativos permitem controlar os efeitos das regras eleitorais, diminuindo seu impacto sobre a autonomia dos políticos. Isso também se aplica ao caso brasileiro, existindo um padrão de alteração do Congresso sobre os projetos de lei apresentados pelo Executivo que segue a lógica do presidencialismo de coalizão.

Questões para revisão

1. Explique a tese da conexão eleitoral e como ela se aplicaria ao caso brasileiro.

2. Quais são os efeitos previstos pela tese da conexão eleitoral sobre a produção legislativa?

3. Indique se as afirmações a seguir são verdadeiras (V) ou falsas (F).
   ( ) As comissões permanentes não têm peso decisório efetivo no processo de tomada de decisão legislativa e pouco impactam o conteúdo das propostas.
   ( ) O Congresso Nacional apenas ratifica as decisões do presidente da República, sem alterá-las.
   ( ) A criação de uma maioria parlamentar que apoie o presidente é fundamental para que a aprovação das leis torne-se mais célere e não siga uma negociação com cada um dos políticos, caso a caso.

Paolo Ricci e Jaqueline Porto Zulini

( ) Independentemente da proposta, há um número significativo de alterações nas propostas legislativas, e, em sua maioria, são alterações aditivas.

Agora, assinale a alternativa que corresponde à sequência correta:

a) V, V, V, V.
b) V, V, V, F.
c) V, V, F, V.
d) F, F, V, V.
e) F, V, V, V.

4. Indique se as afirmações a seguir são verdadeiras (V) ou falsas (F).
   ( ) Comparativamente, o Brasil representaria um nível elevado de incentivo ao personalismo. Isso porque combina regras de contagem dos votos que valorizam a *performance* de cada candidato e níveis elevados de magnitude eleitoral.
   ( ) A literatura especializada associa, automaticamente, voto pessoal com atividades de caráter local.
   ( ) Carey e Shugart (1995) ponderam que o grau de reputação parece condicionado à magnitude eleitoral.
   ( ) O Legislativo influencia pouco no conteúdo das propostas do Executivo durante a tramitação no Congresso.

Agora, assinale a alternativa que corresponde à sequência correta:

a) F, V, F, V.
b) V, V, F, V.
c) V, V, F, F.

d) V, V, V, F.
e) F, F, V, F.

5. Indique se as afirmações a seguir são verdadeiras (V) ou falsas (F).

( ) A centralização do processo legislativo no pós-1988 condicionou a adoção de políticas de abrangência nacional.

( ) Na comparação entre Câmara e Senado, há um padrão diferente no comportamento dos legisladores que se observa, por exemplo, nas alterações nas duas Casas do Congresso Nacional.

( ) Entre todas as ferramentas que permitem mudar o conteúdo dos projetos oriundos do Executivo, os substitutivos são apresentados como os que têm menor peso e impacto sobre o conteúdo da mudança.

( ) O orçamento é o alvo de principal interesse dos políticos, haja vista se tratar da fase de definição de como serão distribuídos os recursos para a execução de políticas públicas.

Agora, assinale a alternativa que corresponde à sequência correta:

a) F, V, F, F.
b) F, V, V, V.
c) V, F, F, V.
d) V, V, F, V.
e) F, F, V, F.

Questões para reflexão

1. O Brasil adota um sistema de lista aberta para a escolha dos deputados federais. De acordo com Barry Ames (2003, p. 62-63), esse sistema desloca "o poder dos líderes partidários para os candidatos individuais, e o sistema brasileiro leva ao máximo essa tendência", fazendo com que "as lideranças partidárias percam importantes instrumentos para disciplinar os deputados". Comente a afirmação do autor à luz das considerações apresentadas neste capítulo e nos anteriores.

Para saber mais

DOWNS, A. **An Economic Theory of Democracy**. New York: Harper & Row, 1957.

DOWNS, A. **Uma teoria econômica da democracia**. São Paulo: Edusp, 1999.

Esse é um texto clássico, já traduzido em português pela Edusp. O autor desenvolve a analogia entre esfera econômica e esfera política procurando decifrar os comportamentos estratégicos de eleitores e partidos no processo de tomada de decisões. Entre os méritos da obra está a introdução da abordagem espacial na análise dos sistemas partidários e das preferências políticas das pessoas.

FREITAS, A. **O presidencialismo da coalizão**. Rio de Janeiro: Fundação Konrad Adenauer, 2016.

A obra é fruto da tese de doutorado defendida pela autora na USP. O texto detalha o processo decisório e confirma o apontado por uma série de outros trabalhos sobre o funcionamento do presidencialismo de coalizão, sobretudo no que se refere à participação dos partidos da coalizão na formulação das políticas públicas no Congresso Nacional.

Paolo Ricci e Jaqueline Porto Zulini

Capítulo 5

Grupos de interesses
e atividade legislativa

Conteúdos do capítulo:

- Teorias dos grupos de interesses.
- Relação entre grupos de interesses e financiamento de campanha.
- Teorias e evidências da relação entre grupos de interesses e produção legislativa.

Após o estudo deste capítulo, você será capaz de:

1. entender a importância das pressões exercidas por grupos organizados sobre os parlamentares;
2. repensar a relação entre grupos organizados e lógica de funcionamento do Congresso Nacional;
3. atribuir centralidade aos grupos organizados como atores que influenciam a produção legislativa do país.

Até agora, discutimos o processo legislativo como um produto das ações dos políticos eleitos legisladores e dos respectivos partidos. A análise comparada de uma série de critérios partidários, fixados nos regimentos dos parlamentos dos dias atuais, mostrou que quase não sobra margem para o legislador atuar de forma individual, prevalecendo uma lógica de comportamento partidário nas democracias contemporâneas. Entretanto, os cientistas políticos têm observado que outros atores coletivos, além dos partidos políticos, disputam uma forma de influenciar a tomada de decisão nas Casas Legislativas, seja para alterar a legislação vigente, seja para manter o *status quo*, barrando possíveis reformas legislativas. Trata-se dos chamados *grupos de interesses*, que surgem por meio da reunião de indivíduos, na forma de associações, empresas ou organizações para condicionar as opiniões, os projetos de lei e os votos dos legisladores.

Esses interesses organizados podem recorrer a diversas formas de ação para exercer influência. As práticas mais estudadas dizem respeito ao financiamento de campanhas eleitorais e ao *lobby*, isto é, a transferência de informações privilegiadas – como fatos ou previsões, estatísticas, sinais, ameaças ou mensagens – de forma privada, diretamente do grupo de interesse para o legislador ou seus assessores pessoais. Neste capítulo, abordaremos, justamente, a forma como essas duas margens de atuação dos grupos de interesses pode impactar a atividade legislativa.

(5.1)
Teorias sobre grupos de interesses

De maneira geral, a literatura retrata a influência dos interesses organizados sobre a atividade legislativa como uma via de mão dupla. Vale dizer, os grupos de interesses demandam políticas específicas dos legisladores oferecendo, em troca, o suporte necessário (na forma de dinheiro ou outras vantagens) para assegurar a manutenção desses políticos no poder. Da sua parte, os legisladores endossam a agenda política dos grupos organizados mediante a manutenção do suporte que esperam ter para continuar na ativa. Daí os estudos sobre a interferência dos grupos de interesses na política se concentrarem, basicamente, no financiamento de campanha eleitorais – para captar o patrocínio recebido pelos políticos e seus possíveis desdobramentos legislativos – e na atividade lobista – para filtrar potenciais comportamentos legislativos estratégicos em prol de interesses especiais.

The Process of Government: A Study of Social Pressure, publicado por Arthur Bentley em 1908, é considerado pioneiro na problematização da atuação dos grupos de interesses na cena política. Bentley acreditava que os interesses organizados ditavam o tom das decisões governamentais nos Estados Unidos, pois o processo político resultava da competição entre grupos. O autor orientou a pesquisa para o mapeamento das relações de poder existentes por trás da esfera pública, revelando o encadeamento de relações entre as elites políticas do país com grupos organizados. Esse livro ganhou notoriedade no período pós-Segunda Guerra, tornando-se um clássico justamente quando a **teoria pluralista de democracia** ganhava terreno com os trabalhos seminais de David Truman (1951) e Robert Dahl (1961).

A teoria pluralista de democracia considerava a existência de múltiplos centros de poder essencial para a manutenção dos regimes democráticos. Caso contrário, um poder soberano, provavelmente, acabaria minando as bases da democracia. Truman teve protagonismo nesse movimento com o livro *The Governmental Process*, que resgatou as ideias de Bentley para encampar a defesa da análise empírica da atuação dos grupos de interesses no processo político. Um dos objetivos principais de Truman era diminuir os juízos de valor emitidos quanto ao impacto da presença desses grupos para a manutenção do regime democrático. Tanto que o autor refutou a expressão *grupo de pressão*, normalmente usada para indicar a atividade de um grupo de interesses na arena legislativa, preferindo adotar apenas *grupo de interesse*, um "termo mais inclusivo e quase neutro" (Truman, 1951, p. 39, tradução nossa). Além disso, no entendimento de Truman (1951), qualquer interesse mútuo, ou atitude compartilhada, representava um grupo em potencial, pronto para entrar em ação. Nesse sentido, bastaria uma perturbação das relações sociais, ou expectativas, para os grupos de interesses, latentes, surgirem de forma natural quando provocados o suficiente: "Uma perturbação nas relações e expectativas estabelecidas em qualquer parte da sociedade pode produzir novos padrões de interação destinados a restringir ou eliminar a perturbação" (Truman, 1951, p. 511, tradução nossa). Uma iniciativa benquista em contextos democráticos, pois traria, ao domínio público, tensões sociais canalizadas pelos grupos de interesses, que funcionavam como veículo de reação natural aos desequilíbrios socioeconômicos.

Esse caráter oportuno dos grupos de interesses para o exercício democrático reapareceu em *Who Governs?*, publicado por Robert Dahl em 1961. O livro questionava a visão de que a elite empresarial concentrava o poder na cidade de New Haven, em Connecticut, nos Estados Unidos. Na análise de Dahl (1961), o que se observava, naquele caso, eram vários grupos, partidos políticos e candidatos de origens socioeconômicas distintas competindo por influência política. O autor endossava essa competição plural como inerentemente democrática, embora tenha mudado de opinião em seus trabalhos posteriores, quando passou a reconhecer que minorias poderosas teriam condições de passar por cima de outras e comprometer o ideal democrático.

Portanto, para os estudos pluralistas, os interesses organizados não representavam uma ameaça para a estabilidade da democracia representativa. Pelo contrário: a teoria pluralista de democracia interpretava os interesses organizados como elementos essenciais na mediação das relações entre o cidadão e o governo. Acreditava-se que indivíduos com a mesma mentalidade provavelmente se uniriam para demandar em grupo o reconhecimento de determinadas pautas pela agenda pública. Nesse sentido, os interesses organizados refletiriam a distribuição dos interesses mais proeminentes presentes na sociedade, canalizando, de uma forma válida, potenciais questões em disputa na cena política.

Dito de outro modo: a formação e a operação dos grupos de interesses eram entendidas como um esteio fundamental do governo democrático.

A avaliação positiva da atuação dos grupos de interesse começou a ser revertida por meio da disseminação do livro *The Logic of Collective Action: Public Goods and the Theory of Groups*, publicado por Mancur Olson em 1965. O trabalho se valia de pressupostos da economia clássica para teorizar a realidade social e indicar que a racionalidade coletiva não corresponde automaticamente à racionalidade individual (**teoria da ação coletiva**). Ao contrário, Olson (1999) denominou esse descompasso existente entre ambas as lógicas de *problema da ação coletiva*, que justificaria a dificuldade de indivíduos com um interesse comum agirem de forma proativa e se coordenarem entre si para levar a cabo uma ação conjunta – um raciocínio que minou a visão da teoria pluralista de democracia quanto à capacidade dos interesses organizados se formarem conforme a distribuição dos interesses na sociedade. Se a existência de interesses não constitui um incentivo suficiente para estimular a mobilização de grupos, significa que os grupos de interesses existentes tiveram acesso a outros incentivos, formando uma amostra de interesses não representativos na sociedade. Nessa linha, tornam-se interesses especiais e podem representar uma ameaça à governança democrática, na medida em que tentam capturar a agenda política.

O texto da Seção *Importante!*, a seguir, resume a teoria da ação coletiva cunhada por Mancur Olson.

Importante!

Indivíduos e ação coletiva

Até a década de 1950, a literatura disponível sobre o comportamento de grupos sociais assumia que indivíduos com os mesmos interesses estavam, naturalmente, propensos a se unir em organizações ou associações para buscar o provimento de seus interesses comuns. Na prática, isso significava que os grupos sociais eram definidos pela sua própria composição, como se os interesses do grupo como um todo decorressem da soma automática dos interesses individuais dos respectivos membros. Além disso, acreditava-se na iniciativa individual como meio de satisfação dos interesses coletivos: buscando o provimento de seus próprios interesses, os sujeitos individuais contribuiriam para a satisfação dos interesses do grupo do qual faziam parte.

Mancur Olson desafiou essa linha de raciocínio em 1965, quando publicou *The Logic of Collective Action*. No livro, o autor argumentou que, ao contrário da visão da literatura disponível, poderia parecer mais racional para o indivíduo membro de um grupo não tomar parte da ação coletiva. Isso, basicamente, aconteceria quando estivesse em jogo a provisão de um bem público, ou seja, um bem cuja provisão atende à coletividade independentemente de quem cooperou para seu alcance. Se o indivíduo percebesse que conseguiria usufruir do bem coletivo alcançado pelo grupo sem, porém, arcar com os custos dessa ação, fazia todo sentido não cooperar com a ação coletiva. Afinal, a contribuição individual não exerceria "uma diferença perceptível para o grupo como um todo" (Olson, 1999, p. 57). Olson (1999) cunhou a expressão *problema da ação coletiva* justamente para se referir a situações do gênero e usou o termo *carona* para designar o indivíduo que usufrui do bem coletivo sem tomar parte da ação coletiva. O problema da ação coletiva seria potencializado entre grupos maiores, que teriam mais dificuldades de resolvê-lo em comparação aos grupos menores.

> Economista, Olson desenvolveu a teoria do problema da ação coletiva inspirado no pressuposto econômico de maximização da utilidade marginal. Daí o argumento de que, se a consciência sobre cada contribuição individual para a provisão do bem coletivo passar desapercebida por ser muito reduzida, embora os custos envolvidos persistam, haverá racionalidade para o indivíduo autointeressado no ato de decidir não cooperar com a ação coletiva, maximizando sua utilidade marginal individual.

No caso específico do estudo do *lobby*, o reconhecimento do problema da ação coletiva estimulou o desenvolvimento de uma literatura voltada aos custos políticos e sociais do exercício do *lobby*. Vários especialistas passaram a interpretar as transações políticas pelo modelo de **maximização do lucro** e enterraram a visão benigna de *lobby* cultivada pelos pluralistas, afirmando o poder assimétrico detido pelos lobistas na esfera política em prejuízo de resultados ótimos do ponto de vista social. Acreditava-se que os interesses especiais defendidos pela prática do *lobby* influenciariam a política rotineiramente.

A partir dos anos 1990, porém, uma série de achados empíricos revelou dados contraintuitivos, como as incertezas e dificuldades de se fazer *lobby* e a ineficiência de se influenciar a tomada de decisão em determinados contextos. Por exemplo, os estudos não conseguiram encontrar evidências significativas de exercício de *lobby* nas situações mais prováveis, como quando um grande número de organizações gasta fortunas com lobistas para engajá-los em batalhas titânicas sobre questões novas. Ao contrário, as evidências mais convincentes têm sido observadas em cenários em que poucas organizações fazem *lobby* em questões técnicas, mais distantes da preocupação do grande público (Lowery, 2007).

Esses novos achados resultaram em outra mudança de perspectiva sobre o *lobby*, que deixou de ser considerado pela literatura recente uma ameaça à democracia *a priori*, sem voltar ao imaginário das boas formas de fazer política previstas pelos pluralistas. A grande questão de pesquisa, em pauta desde então, tornou-se entender a razão que motiva os interesses organizados a fazerem *lobby*. Uma revisão recente da produção científica sobre o tema apontou algumas respostas concorrentes.

A primeira delas afirma que situações de **ameaça política** à sobrevivência de empresas ou organizações estimulam o recurso ao *lobby*, como uma reação estratégica delas em prol da manutenção de seu espaço político-econômico. O exemplo clássico desse caso é o comportamento da Microsoft nos Estados Unidos, que se tornou uma titã do mercado lobista exatamente quando acusada de monopolista por um processo judicial.

Outra explicação para os interesses organizados decidirem investir na prática de *lobby* a retrata como uma **decisão irracional**, no sentido de que seu exercício não necessariamente esteja comprometido com a mudança da política pública. Situações representativas desse raciocínio seriam *lobbies* travados em disputas ideológicas, sem preocupação com os retornos políticos e possíveis golpes dados por lobistas, com o objetivo de ganhar dinheiro, a despeito da capacidade de impactar a tomada de decisão política.

Uma terceira explicação para o apelo dos grupos organizados ao *lobby* destaca **múltiplos fatores** conjunturais, como o tamanho da comunidade de grupos de interesses, as diferentes táticas de *lobby* e os efeitos dos resultados políticos de *lobbies* precedentes (Lowery, 2007).

Já a agenda de estudos sobre a capacidade do financiamento de campanhas eleitorais por grupos organizados em influenciar a atividade legislativa, porém, continua debatendo com questões normativas clássicas das teorias de grupos de interesses. Os especialistas seguem apontando o problema da influência política do dinheiro para a qualidade da democracia, especialmente em sociedades mais desiguais (Przeworski, 2012). No espectro macro, prevalece uma disputa entre a gama de análises que encontra efeitos das doações de campanha no comportamento legislativo e o grupo de trabalhos que não observam resultados significativos dessas contribuições sob a lógica de atuação dos representantes.

Entre as análises que encontram efeitos significativos das **doações de campanha** no comportamento legislativo, a maior parte circunscreve esses resultados ao perfil das políticas em jogo, ao passo que uma minoria os interpreta como um reflexo de outras ações combinadas. Da parte do perfil das políticas, a literatura tem ressaltado que o financiamento de campanha dá os retornos legislativos esperados pelos grupos organizados quando as demandas políticas deles não têm visibilidade, ou nem despertam o interesse público (Clawson, 1999; Denzau; Munger, 1986; Malbin, 1984; Welch, 1982), como questões técnicas (Choate, 1990; Sabato, 1985), ou tópicos desprovidos de disputas partidárias (Conway, 1991; Magleby; Nelson, 1990; Welch, 1982).

Outro argumento importante retoma a classificação de políticas públicas de Theodore Lowi (1964) e revela que os interesses especiais são satisfeitos sob pena do interesse público em situações em que os benefícios concentram-se nos grupos organizados e os custos difundem-se para toda a sociedade (Clawson, 1999; Stratmann, 1991; Fleisher, 1993). Da parte das análises nas quais o êxito do financiamento de campanha por grupos de interesses aparece em uma chave maior de ações combinadas, o principal aspecto destacado é a relevância dos recursos ao *lobby* no **cenário pós-eleitoral** para assegurar a fidelidade dos políticos aos compromissos firmados com os grupos organizados durante a fase de campanha (Evans, 1986; Sabato, 1985).

A influência dos grupos de pressão na formatação das políticas públicas transformou-se em uma das grandes pautas da ciência política contemporânea. Na próxima seção, retomaremos uma perspectiva comparada das condições de financiamento de campanha e *lobby* em alguns países para, depois, apresentar a situação brasileira.

O texto da Seção *Importante!*, a seguir, explica a tipologia de políticas públicas proposta por Lowi (1964).

> **Importante!**
>
> **Tipos de políticas públicas**
>
> Em 1964, Theodore Lowi propôs uma das tipologias de políticas públicas mais conhecidas até os dias de hoje. Tratava-se de uma reação direta à visão pluralista que não considerava a possibilidade da influência dos interesses organizados sobre as políticas públicas variar em razão do teor das políticas. Na visão do autor, ao contrário, cada tipo de política (*policy*) em jogo demarcava uma arena de poder específica – "cada qual tendendo a desenvolver a sua própria estrutura política característica, o seu processo político, as suas próprias elites e as suas próprias relações de grupos" (Lowi, 1964, p. 689-690, tradução nossa).
>
> A tipologia proposta por Lowi (1964) identificou três tipos principais de políticas públicas: distributivas, redistributivas e regulatórias. O autor considerou **distributivas** as políticas que alocam bens ou serviços custeados por toda a sociedade para segmentos específicos, como grupos sociais e localidades, por exemplo. Traduzindo para nossos dias, programas de transferência de renda condicionada e a construção de equipamentos públicos de saúde e educação, como hospitais e escolas, entrariam nessa categoria. Para Lowi (1964, p. 692, tradução nossa), são as políticas distributivas que formam a arena pluralista no estrito senso, em que opera "um grande número de pequenos interesses intensamente organizados".

Por extensão do raciocínio, as políticas **redistributivas** aquelas políticas que alocam bens e serviços para segmentos específicos da sociedade por meio de recursos subtraídos de outros segmentos. Seria o caso dos impostos sobre grandes fortunas, tributações progressivas e desapropriação de imóveis para reforma agrária, que obrigam a redistribuição da alocação de bens. Como resultado imediato da lógica redistributiva, interesses de classe se ativariam gerando mais conflitos do que no caso das políticas distributivas (Lowi, 1964). O autor identificou nesse tipo de política a correspondência empírica da teoria pluralista quanto à visão sobre a política materializar "um resíduo da interação do conflito entre os grupos" (Lowi, 1964, p. 695, tradução nossa). Isso porque, ao contrário das políticas distributivas, que individualizam apenas os segmentos favorecidos, as políticas redistributivas apontam os interesses favorecidos e os desfavorecidos, tendendo a criar relações conflituosas.

No caso das políticas **regulatórias**, a definição levou em conta aquelas políticas estabelecendo condições de comportamento ou atividade, a exemplo da legislação trabalhista e do Código de Trânsito, para citar algumas.

(5.2)
FINANCIAMENTO DE CAMPANHA E *LOBBY* EM PERSPECTIVA COMPARADA

Por muito tempo, as informações sobre financiamento de campanhas eleitorais e *lobby* raramente vinham a público. De um lado, porque essas atividades não eram permitidas em lei, reguladas ou fiscalizadas. De outro, porque o peso do julgamento público inibia a declaração voluntária dos dados. Uma análise comparada sobre ambos os fenômenos só se tornou possível mais recentemente.

No caso do financiamento das campanhas eleitorais, informações mais completas para uma série de países passaram a ser coligidas dentro do escopo maior de um levantamento centrado no chamado *financiamento político*, entendido como "todo dinheiro utilizado no processo político" (Ohman, 2015, p. 26). O Instituto Internacional para a Democracia e a Assistência Eleitoral (Idea)[1] criou, nos anos 2000, um banco de dados de financiamento político com base em respostas de especialistas a respeito da natureza dos regulamentos de 180 países.

Em linhas gerais, os estudos do Idea revelaram que a comunidade internacional despertou para a regulação do financiamento político a partir das décadas de 1980 e 1990, quando vários países da América Latina retornaram à democracia, o multipartidarismo reapareceu na África, e a Europa Central e Oriental encamparam a adoção de uma agenda anticorrupção (Falguera, 2015).

Os dados coletados pelo Idea têm trazido à tona também três tendências que gostaríamos de ressaltar. Primeiro, o fato de que os regulamentos de financiamento político procuram detalhar os **atores**

---

1   Para saber mais sobre esses dados, ver Falguera, E. (2015) e Ohman, M. (2015).

impedidos de realizar doações para partidos políticos ou para candidatos como uma forma de barrar a ação de interesses específicos cujas contribuições são consideradas prejudiciais para o jogo democrático. Encabeçando a lista das proibições mais comuns, aparecem as doações de instituições públicas, vedadas de fazê-lo para evitar abuso no tratamento dos recursos estatais. Seguem-se as doações estrangeiras e as anônimas, também proibidas na maioria dos países. Em escala bem menor (cerca de um quinto dos países), aparecem os casos de proibição de doações de empresas e de sindicatos. Raramente se impedem todas as formas de doações privadas, entretanto, em mais de 40% dos países existe algum tipo de limite no valor que cada doador pode contribuir. Trata-se de limites estabelecidos para balizar a margem de influência que qualquer doador possa ter em cima de determinado partido ou candidato e, consequentemente, "sobre o processo político como um todo" (Ohman, 2015, p. 48).

A segunda tendência apontada pelo trabalho do Idea, digna de nota, diz respeito ao **aumento global no financiamento público** de partidos políticos. O financiamento público pode ser direto, na forma de repasses de dinheiro ou bens, ou indireto, por meio de serviços gratuitos ou subsidiados, como no caso de acesso à mídia pública para fazer campanha eleitoral e da isenção fiscal para partidos ou candidatos e respectivos doadores, por exemplo.

O Mapa 5.1, a seguir, mostra a situação dos países em relação à oferta de financiamento público direto para os partidos políticos.

Mapa 5.1 – Financiamento público direto para os partidos políticos no mundo – Dados de 2014

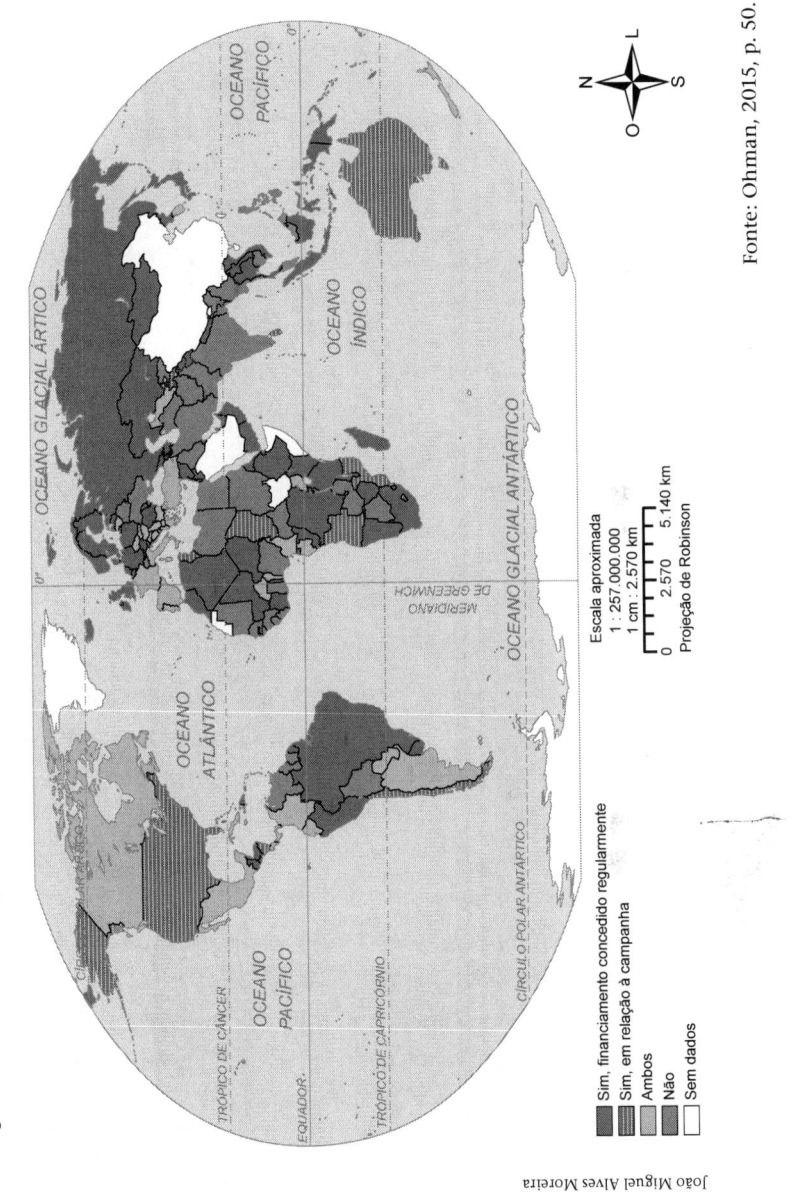

Fonte: Ohman, 2015, p. 50.

Segundo os dados do Idea, atualmente, existe financiamento público direto em cerca de dois terços dos países. Considerados todos os continentes, a modalidade é menos difundida na Ásia.

Os defensores do financiamento público direto argumentam o potencial da medida em viabilizar uma competição política pluralista, dando condições reais para todas as forças políticas lançarem-se candidatas. Entretanto, apenas uma minoria de países permite que o universo de partidos e candidatos acesse os fundos públicos. Em geral, o padrão é estabelecer critérios mínimos para se ter direito ao financiamento público, que surgem para evitar tanto o surgimento de partidos oportunistas focados na obtenção de recursos estatais quanto o desperdício de recursos públicos no financiamento de partidos ou de candidatos eleitoralmente inviáveis. Trata-se da chamada *limiar de elegibilidade*. Na maioria dos países, esse limiar leva em conta o desempenho eleitoral, ou as cadeiras obtidas nas eleições anteriores, ou, ainda, uma combinação dos dois critérios.

Seguindo a mesma lógica, a maioria dos países também adota critérios específicos para distribuir o dinheiro público entre aqueles partidos e políticos considerados elegíveis. Nesse caso, fala-se em *critérios de alocação*, criados entre vários motivos para impedir a fragmentação partidária estratégica, interessada na busca desenfreada de acessos a mais fundos públicos. Os critérios de alocação mais comuns no mundo baseiam-se na distribuição dos fundos públicos aos partidos mais votados ou com mais representantes eleitos nas eleições anteriores (Ohman, 2015).

Para o financiamento público ter êxito em nivelar o jogo político, porém, precisa ser combinado com limites de contribuições e gastos de campanha, senão fornecerá dinheiro tanto para os mais abastados quanto para os de piores condições econômicas, mantendo a diferença que se pretende corrigir – e às custas do orçamento público.

O Mapa 5.2, a seguir, ilustra como a questão dos limites de gastos se encontra no mundo.

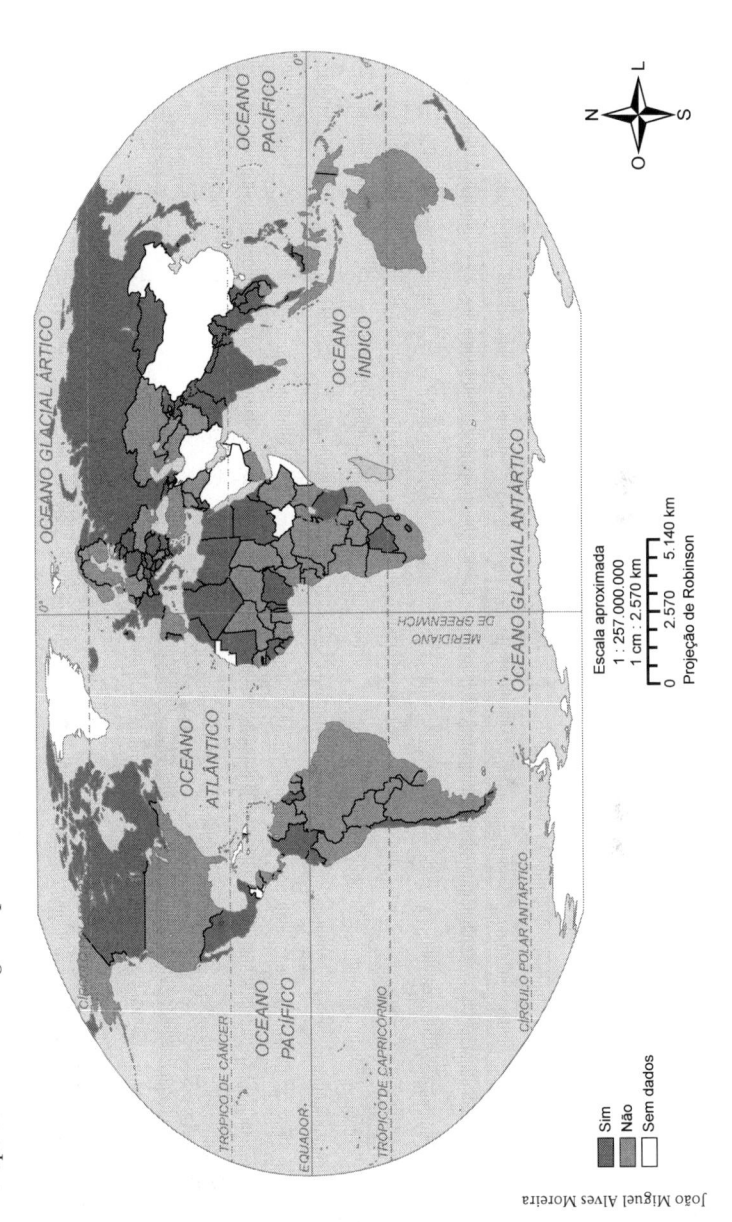

Mapa 5.2 – Limites de gastos para os candidatos – Dados de 2014

Escala aproximada
1 : 257.000.000
1 cm : 2.570 km
0   2.570   5.140 km
Projeção de Robinson

Sim
Não
Sem dados

João Miguel Alves Moreira

Fonte: Ohman, 2015, p. 55.

Como a figura revela, a maioria dos países proíbe gastos de alguma forma. Além da compra de votos e do uso dos recursos de financiamento público para outros fins que não os eleitorais, ambos proibidos em quase todos os lugares, os outros limites mais comuns referem-se ao montante de dinheiro máximo a ser gasto nas campanhas por partidos e candidatos. Segundo as estimativas do Idea, em torno de 30% dos países limitam a verba máxima para os partidos gastarem nas campanhas. Esse número sobe para mais de 40% dos países no caso do limite de gastos dos candidatos (Ohman, 2015).

Uma terceira tendência importante revelada pelas informações sistematizadas pelo Idea sobre financiamento político refere-se ao predomínio de regras que estabelecem a **entrega de relatórios financeiros** pelos beneficiários, detalhando como eles arrecadaram e gastaram o dinheiro. O objetivo por trás disso é facilitar a fiscalização do cumprimento de outras regras relativas, por exemplo, às proibições de doação ou tetos de gastos das campanhas. A análise comparada revela que, em cerca de 90% dos países, existe algum tipo de prestação de contas previsto, embora o teor das informações requeridas nos relatórios financeiros varie significativamente. O maior ponto de polêmica refere-se à revelação da identidade dos doadores, que ocorre em cerca de metade dos países onde existem regras de prestação de contas. Além disso, uma minoria, em torno de 20%, tem a obrigação de disponibilizar ao público os relatórios financeiros de prestação de contas (Ohman, 2015). Tudo isso limita a agenda de pesquisa sobre financiamento político, que fica refém do estudo de casos mais bem documentados.

Em conjunto, os dados apontam para um paradoxo interesse. Por um lado, as doações ainda "vistas como um investimento por interesses corporativos são relatadas em praticamente todas as regiões" do mundo (Falguera, 2015, p. 461). Por outro, a tendência mundial tem convergido para a adoção do financiamento público, fechando um espaço até então tático para os grupos organizados atuarem.

Passando à esfera do *lobby*, os obstáculos à pesquisa são maiores, basicamente, porque poucos países no mundo regulamentam a atividade em lei e, por consequência, há grande dificuldade na obtenção de dados onde inexiste regulamentação. O caso mais estudado é o americano, pioneiro tanto na regulação do *lobby* quanto na disponibilização de dados públicos sobre essa atividade. A regulação ocorreu em 1946, via *Regulation of Lobbying Act*. De lá para cá, seus termos foram atualizados, e, desde 2007, os Estados Unidos exigem que os lobistas se registrem e prestem contas em relatórios trimestrais. Embora o lobismo também seja regulado pela União Europeia, a Alemanha é o único país-membro que exige o registro dos lobistas em atividade, publicado, anualmente, no diário oficial federal (*Bundesgesetzblatt*). Mesmo em países onde o lobismo foi regulado há algum tempo, como a Austrália (1983) e o Canadá (1989), o registro dos lobistas não acontece. Há uma preocupação em regular mais a atividade de *lobby* do que os lobistas em si.

As informações existentes sobre *lobby*, basicamente, fiam-se em três fontes diferentes de pesquisa: *surveys*, registros dos lobistas e relatórios das transações de *lobby* (Richter; Figueiredo, 2014). Os *surveys* têm sido mais utilizados justamente quando os dados observacionais de *lobby* são mais limitados pela inexistência ou falta de aplicação de regulamentos obrigando a divulgação da atividade dos lobistas. Quando o registro de lobistas existe, como nos Estados Unidos e na Alemanha, as pesquisas têm crescido sistematicamente. Considerando que a existência de registro vem conectada à exigência da prestação de contas de informações das transições realizadas por eles, observam-se avanços no estudo do *lobby* a partir dos relatórios de transações financeiras. Nos Estados Unidos, por exemplo, desde

1995, o *Lobbying Disclosure Act* obriga a prestação de contas para o Congresso dos gastos feitos pelos lobistas, abrindo margem para uma série de pesquisas a partir desses dados.

Mantendo o foco no clássico caso americano, encontramos alguns consensos na literatura sobre *lobby*. O primeiro refere-se ao predomínio do recurso ao *lobby* para ter influência política comparativamente ao financiamento de campanhas eleitorais. Números mostram que os investimentos em *lobby* têm representado cinco vezes o valor despendido no financiamento das campanhas. Uma segunda regularidade observada pelos analistas diz respeito ao protagonismo de corporações e associações comerciais, responsáveis pela maior fatia dos gastos registrados em transações de *lobby*. Estudos chegam a apontar as corporações e as associações comerciais como autoras de cerca de 80% do total de despesas com *lobby* nos Estados Unidos. Outro ponto de consenso tem sido a constatação de que o *lobby* aumenta conforme o interesse organizado se sente ameaçado (Richter; Figueiredo, 2014).

Esse panorama geral é relevante para passarmos ao estudo do caso brasileiro sem o viés típico e moralizante da grande imprensa.

(5.3)
Grupos de interesses no contexto brasileiro

Em 2014, a Polícia Federal deflagrou a denominada *Operação Lava Jato*, uma investigação responsável pela identificação do cartel formado por grandes empreiteiras que pagavam propinas para políticos e outros agentes públicos em troca de vantagens nas licitações públicas abertas pela Petrobras, uma empresa gigante do setor energético no país. Parte das propinas destinava-se ao chamado *caixa 2* das campanhas eleitorais, isto é, aos fundos não declarados aos órgãos fiscalizadores. Com processos judiciais correndo até os dias atuais, o escândalo de corrupção já causou a prisão de uma série de políticos e empresários no Brasil, além do ex-presidente Luís Inácio Lula da Silva. A repercussão do caso trouxe à tona o debate sobre os efeitos dos interesses corporativos para a qualidade da democracia brasileira.

Parte da literatura disponível tem associado a corrupção no Brasil à pressão política exercida por grupos organizados, seja por meio de contribuições de campanha (Speck, 2012), seja por meio de *lobby* (Bezerra, 1999). No caso das **doações de campanha**, estudos já vinham apontando que as eleições no Brasil estavam sendo custeadas, basicamente, por pessoas jurídicas, inclusive, listando, entre os maiores doadores, várias das empresas que tiveram seus nomes envolvidos com lavagem de dinheiro e associação criminosa nos desdobramentos das investigações da Lava Jato, como os Grupos Camargo Corrêa, Queiroz Galvão, Andrade Gutierrez, Vale e a JBS, por exemplo (Mancuso, 2015; Speck; Marciano, 2015).

Duas mudanças importantes na legislação recente, porém, não podem ser ignoradas. Primeiro, em 2015, como uma resposta direta aos escândalos de corrupção, o Supremo Tribunal Federal (STF) proibiu as doações empresariais. Dois anos depois, os legisladores reagiram à intervenção do Poder Judiciário, aprovando uma reforma política mais ampla que estabeleceu, entre outras medidas, a criação do Fundo Especial de Financiamento de Campanha e limites de gastos eleitorais (Lei n. 13.487/2017). Trata-se de mudanças das regras de jogo que suprimiram dos grupos organizados uma via de acesso estratégica para tentar influenciar a arena política. Afinal, alguns trabalhos sobre financiamento de campanha no Brasil, antes de toda essa alteração do *status quo*, tinham encontrado evidências de que as doações empresariais retornavam benefícios tangíveis para os doadores, como acesso ao financiamento de bancos públicos (Claessens;

Feijen; Laeven, 2008) e obtenção de contratos com o governo (Boas; Hidalgo; Richardson, 2014; Carazza, 2018).

Com relação ao **lobby** no Brasil, embora não exista legislação específica, as organizações que pretendem participar dos trabalhos legislativos devem cadastrar-se nas Casas representativas. O art. 259 do regimento interno da Câmara dos Deputados (Brasil, 2019) faculta, por exemplo, o cadastro de representantes de "entidades de classe de grau superior, de empregados e empregadores, autarquias profissionais e outras instituições de âmbito nacional da sociedade" junto à mesa diretora da Casa para "que possam, eventualmente, prestar esclarecimentos específicos à Câmara, através de suas Comissões, às Lideranças e aos Deputados em geral e ao órgão de assessoramento institucional". Isso representa o reconhecimento formal do potencial ativismo legislativo por parte de grupos organizados que, eventualmente, desejem rondar as sessões da Câmara em busca da satisfação de seus próprios interesses.

Entretanto, a população dos grupos organizados atuando no Brasil ainda é, praticamente, uma caixa preta. Estudos recentes começam a explorar informações na tentativa de traçar um panorama geral dos interesses concorrentes que orbitam a arena legislativa em busca de atenção. Um trabalho nessa linha revelou a existência de 179 organizações cadastradas na Câmara dos Deputados durante o biênio 2011 e 2012. Desse total, 94 (52,5%) eram representantes do mundo do capital e do trabalho; 79 (44,1%) representavam os interesses do setor público; quatro (2,2%) representavam organizações não governamentais ou representantes da sociedade civil, além de dois (1,1%) *missings*.

Dessas organizações, 65 (56%) responderam um *survey* sobre a forma como operavam. A análise dos resultados mostrou que 67,8% delas têm uma equipe especializada em assuntos de políticas públicas e de governo, 75% se dedicam, exclusivamente, à atividade de representação de interesses e 85% relataram ter um setor voltado à defesa de seus de interesses junto aos órgãos estatais, apontando o grau de profissionalização dos grupos de interesses no Brasil (Santos et al., 2017).

A mesma pesquisa ainda detalhou as práticas diárias de *lobby* na Câmara, além das visitas aos gabinetes dos parlamentares e do estabelecimento de contato direto com legisladores e líderes, assessoria das comissões e com outros grupos para ações articuladas, a participação em audiências públicas e o acompanhamento de bancadas e frentes, de reuniões das comissões e de reuniões plenárias apareceram como atividades triviais dos lobistas. Um cenário que reflete o engajamento dos representantes das organizações de interesses na estrutura organizacional do processo legislativo. A questão imediata que surge com base nessa caracterização proativa é se interesses setoriais conseguem moldar a produção legislativa no Brasil.

(5.4)
INTERESSES SETORIAIS E PRODUÇÃO LEGISLATIVA NO BRASIL

Existem diferentes formas de avaliar como os interesses dos representados teriam capacidade de condicionar a produção legislativa deliberada pelos representantes. Uma delas é classificar o conteúdo das leis para verificar se elas priorizam a satisfação de interesses específicos em detrimento de toda a sociedade. No capítulo anterior, ressaltamos que a forma clássica de se testar a conexão eleitoral de Mayhew (1974) no Brasil, pensando a representação proporcional de lista aberta como determinante automática de leis particularistas, não sobrevive à análise empírica. A estrutura decisória no país não dá espaço para *pork barrel*, as políticas distributivistas (Lowi, 1964) usadas pelos legisladores como o propósito de atrair o apoio eleitoral dos beneficiários. Entretanto, uma revisão do modo como a tese de Mayhew (1974) sobre o caso americano tem sido aplicada para compreender outras realidades mostrou que os interesses setoriais estão muito mais refletidos nas leis brasileiras em comparação aos interesses individuais (Ricci, 2006).

Essa conclusão foi possível pela reconsideração do papel do eleitor no quadro teórico. Na tese original de Mayhew (1974), são as características do sistema eleitoral que formatam a produção legislativa, e não a heterogeneidade das preferências do eleitorado, tratado como um grupo uniforme – uma simplificação desconectada da realidade. Para pensar a conexão eleitoral, faz mais sentido ver o eleitorado como uma sociedade de grupos organizados buscando a satisfação de seus interesses setoriais presentes em um âmbito nacional (**perspectiva setorial**) do que como indivíduos isolados (**perspectiva individual**).

O Quadro 5.1, a seguir, sintetiza como a mudança de perspectiva afeta a lógica da conexão eleitoral.

Quadro 5.1 – Tipos de conexão eleitoral capazes de influenciar a produção legislativa

Ator	Tipo de conexão eleitoral	
	Individual	Setorial
Político	Voto pessoal (política local)	Voto setorial (política local)
Partido	Voto partidário (política nacional)	Voto partidário (política setorial/nacional)

Fonte: Ricci, 2006, p. 34.

Parece razoável supor que categorias profissionais, como metalúrgicos, lavradores, professores, médicos e advogados, por exemplo, persigam fins da própria classe mesmo se estiverem espalhados pelo território. Da mesma forma, associações e organizações centradas em questões mais gerais, como as de defesa dos direitos civis, poderiam partilhar as mesmas demandas apesar de sua dispersão territorial. O que uniria esses interesses setoriais não seria, necessariamente, a localização geográfica, mas a abrangência de suas pautas, porque desejam o bem-estar de seus membros distribuídos pelo território nacional. Como resultado, eles adotariam estratégias de obtenção de políticas distributivas amplas, no sentido de centrar-se em uma agenda particularista, mas, ao mesmo tempo, não geograficamente limitada.

O raciocínio não altera as bases teóricas centrais da conexão eleitoral, que continua estruturada na relação estabelecida entre políticos ou partidos e eleitores. A grande mudança acontece na caracterização do eleitor, que pode ser visto também como um grupo de interesse e, nesse caso, impacta o formato da produção legislativa de forma diferente. Independentemente se a lógica do voto que prevalecer for pessoal ou partidária, o argumento passa a chamar a atenção para a identificação de **quem** exerce a pressão política no âmbito eleitoral: os indivíduos isoladamente ou os grupos setoriais.

Trata-se de um ponto importante porque não se apoia apenas na tentativa de aproximar a teoria da complexidade de sociedades plurais como a brasileira, mas também porque abre caminho para a problematização de como se concretizaria a lógica da conexão eleitoral em razão dos grupos organizados. Mais especificamente, questionando, de um lado, em que contexto se tornaria relevante para políticos e eleitores a manutenção de uma conexão baseada na representação das forças organizacionais e, de outro, como isso se refletiria na produção legislativa dos políticos. A resposta para a primeira pergunta é que buscam a reeleição e, portanto, favorecem quem lhes garanta mais chances de sucesso eleitoral. Assim, quando reconhecerem maior potencial nos grupos setoriais em comparação aos interesses localmente organizados, ou aos eleitores isolados, priorizarão políticas públicas voltadas a esses grupos setoriais. Por extensão do raciocínio, a resposta da segunda pergunta se revelaria na observação do predomínio de legislação de tipo distributivo amplo.

Uma análise da produção legislativa do período 1991-2001 classificou as leis com base em três critérios: generalidade, efeitos e impacto territorial (Ricci, 2003). O primeiro critério classifica as leis segundo a dimensão do impacto, que pode ser **geral** (sobre toda a população ou entidades atuando no nível nacional), **seccional** (direcionada para grupos organizados com interesses para além de questões geograficamente concentradas), **microssecional** (voltada a grupos organizados concentrados geograficamente) ou **individual** (afetando apenas um ou poucos indivíduos).

O segundo critério refere-se aos efeitos previstos sobre as partes interessadas pela lei, e o terceiro mede a dimensão física do impacto previsto. O estudo ainda isolou as leis *simbólicas*, isto é, aquelas leis que não têm importância política efetiva além de seu caráter simbólico, como a criação de datas comemorativas ou atribuição de novos nomes para equipamentos públicos preexistentes. A Tabela 5.1, a seguir, sumariza os resultados dessa classificação.

Tabela 5.1 – Número de leis do Congresso Nacional por conteúdo e tipo (1991-2001)

Conteúdo	Projetos Sancionados	Projetos Vetados Totalmente	Projetos Rejeitados	Total
Geral/ secional	262 (66,2%)	57 (63,2%)	212 (60,6%)	531 (63,4%)
Micro de impacto amplo	46 (11,6%)	17 (17,9%)	82 (23,4%)	145 (17,3%)
Micro de impacto local e individual	34 (8,6%)	10 (10,5%)	26 (7,4%)	70 (8,4%)
Simbólico	54 (13,6%)	8 (8,4%)	30 (8,6%)	92 (10,9%)
Total	396 (100%)	92 (100%)	350 (100%)	838 (100%)

Fonte: Ricci, 2003, p. 709.

Como você observou, os números mostram que o conteúdo das normas distingue-se pela prevalência de políticas setoriais, favorecendo grupos espalhados no território. Uma situação que converge com o padrão observado em outros estudos de caso também reveladores da dominância de medidas setoriais no conjunto das leis aprovadas (Ricci, 2006). Além da distribuição de grupos organizados difusos no território, outra justificativa possível por trás disso seria o fato de que muitas das demandas legislativas dos grupos organizados referem-se a políticas públicas cuja regulação ocorre apenas no âmbito nacional em razão das restrições preestabelecidas constitucionalmente.

No Brasil, por exemplo, qualquer iniciativa de reforma da organização ou competências do Poder Judiciário, por sua natureza jurídica, deve passar pelo crivo exclusivo do Congresso Nacional. Na prática, isso significa a existência de uma ampla gama de grupos juridicamente posicionados na esfera nacional, como os juízes federais, trabalhistas e eleitorais, os advogados e os servidores do Ministério Público, para citar alguns. As demandas de todos eles não têm como, portanto, concentrarem-se geograficamente. A Seção *Importante!*, a seguir, apresenta mais evidências a esse respeito, remetendo às descobertas recentes da literatura sobre a distribuição dos votos dos deputados eleitos no Brasil.

> **Importante!**
>
> Estudos eleitorais mais recentes também oferecem boas evidências de que a produção legislativa brasileira não pode ser interpretada levando a tese da conexão eleitoral de Mayhew (1974) ao pé da letra. A análise de indicadores de concentração de votos mostra que a maioria dos deputados eleitos apresenta um padrão de votação muito mais disperso geograficamente em relação ao previsto pela hipótese do voto pessoal.
>
> Um bom exemplo é o trabalho de Avelino, Biderman e Silva (2016), que chama a atenção para a dispersão dos votos pelo Estado de São Paulo ter-se tornado um prerrequisito para a viabilidade de candidaturas eleitorais à Câmara dos Deputados. Os autores ilustram o ponto com base em um mapa trazendo a distribuição dos votos do deputado Marco Antônio Feliciano (PSC/SP) nas eleições de 2014.

Mapa 5.3 – Distribuição de votos do deputado Marco Antônio Feliciano em 2014

- QL = 0
- 0 < QL < 1
- 1 < QL < 3
- 3.00 - 8.03

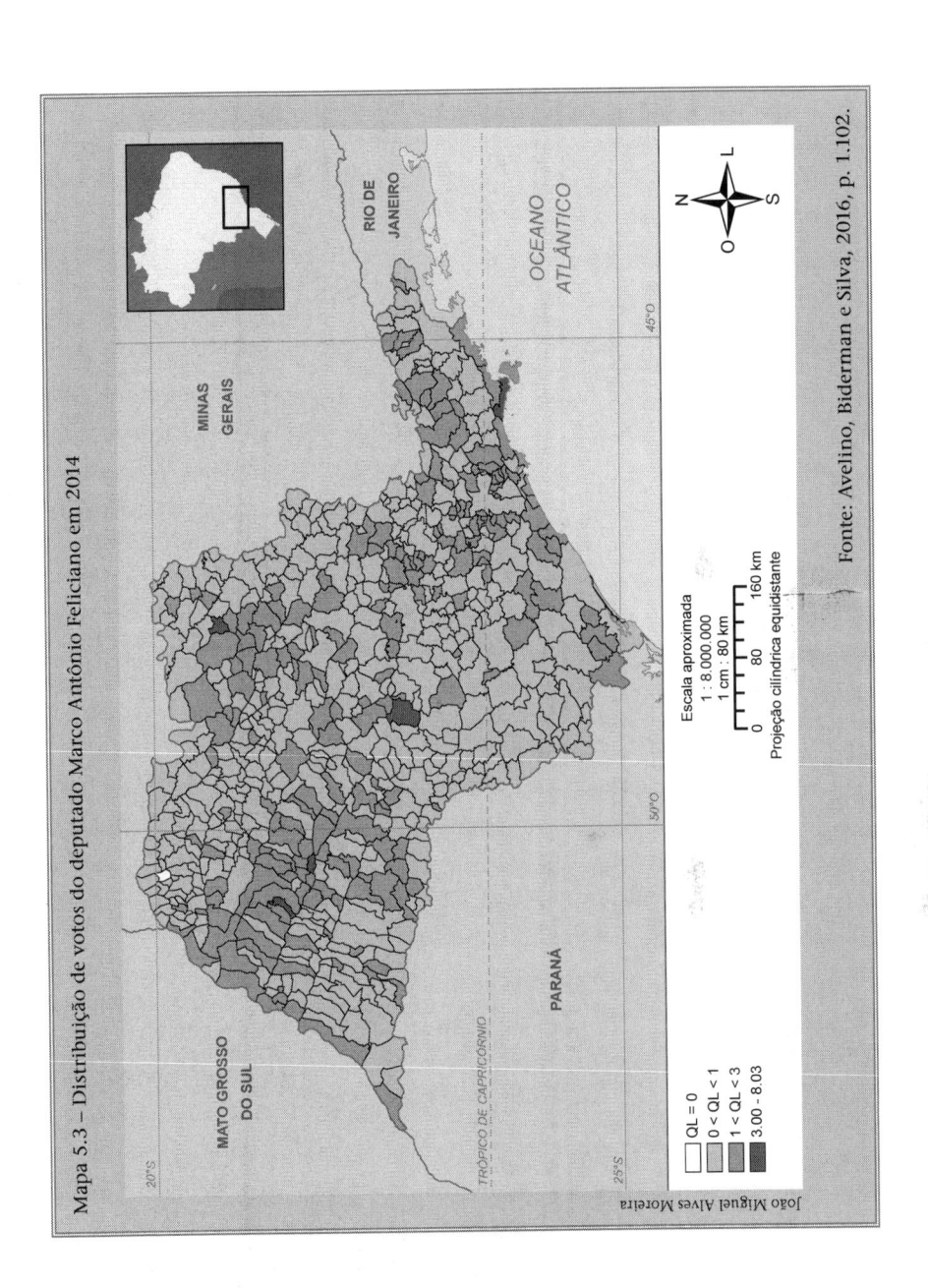

Escala aproximada
1 : 8.000.000
1 cm : 80 km
0   80   160 km
Projeção cilíndrica equidistante

Fonte: Avelino, Biderman e Silva, 2016, p. 1.102.

João Miguel Alves Moreira

> Como o mapa mostra, os 398 mil votos de Feliciano estão dispersos entre 644 dos 645 municípios paulistas.
> Segundo o estudo, normalmente, a concentração eleitoral tende a ser regional. Na interpretação dos autores, isso acontece porque o candidato procura desconcentrar seus votos avançando, primeiro, rumo aos municípios vizinhos do município onde tem alguma vantagem comparativa.

Outra forma de avaliar se os interesses dos representados têm capacidade de condicionar a produção legislativa deliberada pelos representantes é filtrar um grupo de políticas reconhecidamente utilizadas para beneficiar grupos setoriais e aprofundar o estudo delas. Um bom exemplo dessa abordagem encontra-se em pesquisa recente que mapeou a concessão de benefícios ao empresariado brasileiro referentes a três tributos criados para financiar a ação social da União: a Contribuição para o Programa de Integração Social (PIS), a Contribuição Social sobre o Lucro Líquido (CSLL) e a Contribuição para o Financiamento da Seguridade Social (Cofins).

No caso, a CSLL e a Cofins financiam a seguridade social, e a arrecadação do PIS destina-se, entre outras coisas, ao custeio do programa de seguro-desemprego. Observou-se que, entre outubro de 1988 e janeiro de 2009, um total de 52 leis foram aprovadas implicando uma renúncia tributária da ordem de R$ 95,8 bilhões, em valores de agosto de 2007, um montante quase equivale ao dobro do orçamento reservado ao Ministério da Saúde naquele ano (Mancuso; Moreira, 2013).

Dois achados principais dessa pesquisa merecem destaque. Primeiro, o perfil das empresas beneficiadas pelas renúncias fiscais revelou que aquelas atuantes em **segmentos específicos dos setores primário, secundário ou terciário** foram as mais privilegiadas, representando 60% do total de empresas tornadas isentas desses impostos. Seguiam-se as **empresas exportadoras, sociedades corporativas e microempresas e empresas de pequeno porte**, nessa ordem. As empresas localizadas em regiões determinadas apareciam apenas na quinta posição entre os nove tipos de empresas beneficiadas pela isenção de impostos. Esse ponto alinha-se ao indicado pela classificação das leis em termos de generalidade, efeitos e impacto territorial. Vale dizer, a localização geográfica não desponta como elemento definidor para o atendimento de demandas legislativas de grupos organizados.

O segundo achado relevante da pesquisa refere-se à origem das leis que instituíram benefícios tributários referentes ao PIS, à Cofins e à CSLL. Mais de 90% delas partiu do Poder Executivo, que, inclusive, instituiu os benefícios na maioria das vezes (79,2%) via medidas provisórias. Trata-se de outro dado interessante porque revela a proatividade do Poder Executivo em uma questão tradicionalmente discutida pela literatura com o foco no comportamento dos ocupantes dos cargos legislativos.

Síntese

Neste capítulo, apresentamos as principais teorias disponíveis sobre a organização de grupos de interesses e discutimos as possibilidades que eles têm de atuar na arena legislativa. Trata-se de um tema controverso, considerando a mudança de inclinação dos teóricos a respeito dos efeitos que a atividade dos grupos organizados pode ter para a manutenção do jogo democrático. Há, de fato, fortes evidências de que grupos organizados buscam influenciar a produção legislativas dos representantes durante o mandato. Não é por acaso que, em muitos países, o *lobby* tornou-se uma profissão inclusive reconhecida pela legislação.

No Brasil, os estudos mostram que, até as eleições de 2014, as grandes empresas foram as maiores doadoras para campanhas eleitorais e se beneficiavam, posteriormente de vantagens tributárias. Entretanto, traçar as conexões entre os doadores e o comportamento legislativo dos políticos beneficiados pelas doações ainda é um desafio. A análise da produção legislativa, porém, revela que as políticas públicas aprovadas pelo Poder Legislativo beneficiam grupos setoriais, geograficamente difusos no território. Com base na abordagem da conexão eleitoral, isso significa que os parlamentares não buscam beneficiar apenas seus redutos eleitorais, mas também estão atentos à atuação de grupos de interesses organizados.

Questões para revisão

1. Quais são as principais explicações sobre a atuação dos interesses organizados na prática de *lobby*?

2. Considere a relação entre financiamento de campanhas eleitorais e corrupção. Em que medida a legislação internacional inovou nos últimos anos?

3. Indique se as afirmações a seguir são verdadeiras (V) ou falsas (F).
    ( ) Uma alternativa à ideia de que os deputados brasileiros têm redutos políticos geograficamente concentrados é pensar o eleitorado como uma sociedade de grupos organizados buscando a satisfação de seus interesses setoriais presentes em um âmbito nacional.
    ( ) É comum que os políticos brasileiros tenham concentração de votos em poucos municípios, facilitando o vínculo com o localismo e a busca por políticas territorialmente limitadas.

( ) Em alguns países as leis eleitorais proíbem o financiamento político pelas empresas a partidos políticos ou candidatos como uma forma de barrar a ação de interesses específicos.

( ) De acordo com Lowi (1974), *políticas distributivas* são políticas que alocam bens ou serviços custeados por toda a sociedade para segmentos específicos, como grupos sociais e localidades.

Agora, assinale a alternativa que corresponde à sequência correta:

a) V, V, V, V.
b) V, V, V, F.
c) V, V, F, V.
d) F, F, V, V.
e) V, F, F, V.

4. Indique se as afirmações a seguir são verdadeiras (V) ou falsas (F).

( ) Entende-se por *limiar de elegibilidade* a determinação em lei de critérios mínimos para se ter direito ao financiamento público, evitando tanto o surgimento de partidos oportunistas focados na obtenção de recursos estatais quanto o desperdício de recursos públicos no financiamento de partidos ou candidatos eleitoralmente inviáveis.

( ) A conexão eleitoral vista sob a ótica dos grupos de interesses implica a noção de que os políticos adotariam estratégias de obtenção de políticas distributivas amplas, no sentido de centrar-se uma agenda particularista, mas, ao mesmo tempo, não geograficamente limitada.

( ) De acordo com Lowi (1974), o estudo dos custos e benefícios da política pública permite classificá-la e pensar em tipos diferentes de políticas.

( ) Tendo em vista a existência de financiamento público ao partidos via horário gratuito de propaganda eleitoral e fundo partidário, o financiamento empresarial é pouco relevante nas eleições brasileiras.

Agora, assinale a alternativa que corresponde à sequência correta:

a) V, V, F, F.
b) V, V, V, F.
c) V, F, F, V.
d) V, V, F, V.
e) F, F, V, F.

5. A forma de beneficiar os eleitores não se restringe a atividades paroquialistas, mas abrange também a produção de normas ou a garantia de benefícios para grupos setoriais e organizados com capacidade de pressionar mais do que os cidadãos comuns. Sobre isso, é correto afirmar:

a) Deputados federais são imunes a pressões vindas de suas bases eleitorais, exercendo o mandato de forma independente.

b) Deputados federais no exercício do mandato não apenas são sensíveis aos interesses localmente concentrados de seus redutos eleitorais, mas também endossam a agenda de determinados grupos de interesses.

c) Os grupos de interesses exercem, no Brasil, uma pressão sobre a ação dos políticos que não é visível em outros países.

d) O *lobby* é uma atividade regulamentada em muitos países, menos no Brasil.

e) O limiar de elegibilidade fixa um limite aos partidos para o acesso aos recursos públicos.

Questões para reflexão

1. Segundo Wagner Mancuso (2007, p. 142),

   A interação de empresários [ou quaisquer outros atores políticos] com o setor público pode assumir uma forma degenerada. É o que acontece quando está em jogo a obtenção de vantagens ilícitas para ambas as partes; quando empresários [ou seus prepostos] concedem dinheiro e/ou outros benefícios aos tomadores de decisão, em troca de diversos tipos de recompensas ilegais.

   Comente a afirmação do autor à luz das considerações apresentadas neste capítulo.

Para saber mais

DAHL, R. A. **Who Governs?** Democracy and Power in an American City. New Haven: Yale University Press, 1961.

A pesquisa de Dahl sobre a cidade de New Haven vai além do estudo de caso e constitui obra-prima para o estudo das relações de poder e a tomada de decisões. O valor do livro está no uso de um caso para testar as hipóteses principais da teoria democrática, na medida em que os conceitos de igualdade, poder decisório, controle sobre o governo e participação política dos indivíduos e dos grupos organizados são resgatados pelo autor ao longo de sua análise.

MANCUSO, W. P. Investimento eleitoral no Brasil: balanço da literatura (2001-2012) e agenda de pesquisa. **Revista de Sociologia e Política**, Curitiba, v. 23, n. 54, p. 155-183, jun. 2015.

Nesse texto, o leitor pode encontrar uma análise dos principais estudos sobre financiamento político no país, com ênfase ao investimento empresarial.

LOWI, T. American Business, Public Policy, Case Studies, and Political Theory. **World Politics**, v. 16, n. 4, p. 677-715, 1964.

Trata-se de um artigo de referência na área de políticas públicas e estudos legislativos. A tese esboçada pelo autor – *policy determines politics* – ainda hoje tem estimulado inúmeras pesquisas sobre como o conteúdo da política pública em pauta pode determinar as estruturas de poder e das arenas em que os conflitos são negociados e solucionados.

Capítulo 6

Estudos legislativos
e governos subnacionais

Conteúdos do capítulo:

- Governos e Assembleias Legislativas no âmbito subnacional.
- Presidencialismo de coalizão nos estados.

Após o estudo deste capítulo, você será capaz de:

1. identificar o tipo de federalismo brasileiro;
2. entender a lógica de funcionamento das Assembleias Legislativas estaduais.

Nos capítulos anteriores, levantamos argumentos teóricos e evidências empíricas desenvolvidos para o caso do Congresso Nacional. As mesmas teorias e os respectivos estudos aplicam-se para os legislativos subnacionais. No caso do Brasil, olhar similar recai sobre as Assembleias Legislativas no âmbito estadual e as Câmaras Municipais em nível local.

Neste capítulo[1], enfatizaremos o tema das relações Executivo-Legislativo para o âmbito estadual. Precisamos entender se o modelo de funcionamento da democracia brasileira, centrada na lógica do presidencialismo de coalizão, também se repete nessa esfera. Vamos abordar o papel desempenhado pelas Assembleias Legislativas estaduais no Brasil e a relação com os respectivos governadores[2]. Comparado ao Congresso Nacional, os estudos legislativos para a arena estadual ainda carecem de análises e aprofundamento, mostrando que se trata de uma agenda em vias de consolidação.

(6.1)
Presidencialismo de coalizão no âmbito subnacional e o impacto sobre a produção legislativa

A constituição de coalizões parlamentares durante a vigência da legislatura é também um fenômeno típico das Assembleias estaduais que

---

1 Parte deste capítulo é uma versão modificada de RICCI, P.; TOMIO, F. R. L. A produção legislativa nas Assembleias Legislativas estaduais. In: TOMIO, F. R. L.; RICCI, P. (Org.). Governadores e Assembleias Legislativas: instituições e política nos estados brasileiros. São Paulo: Alameda, 2018. p. 13-44.

2 Estudos comparativos sobre as assembleias subnacionais são raros, havendo poucos e fragmentários estudos monográficos disponíveis. Pode-se dizer que essa é a característica de outros países. Basta citar, a título de exemplo, o caso americano onde Gamm e Kousser (2010) apontam para a dificuldade de acesso às informações para o âmbito subnacional e oferecem a primeira análise sistemática da legislação em 13 estados durante 120 anos.

Paolo Ricci e Jaqueline Porto Zulini

ocorre em razão da fragmentação partidária característica do sistema partidário estadual no Brasil. Desde os estudos pioneiros de Lima Junior e David Fleischer, vários autores têm ressaltado a existência de subsistemas partidários estaduais específicos que se caracterizam pela ausência de um padrão de verticalidade nas alianças partidárias eleitorais e sem coerência ideológica (Guarnieri; Peres; Ricci, 2018). Entretanto, o presidencialismo de coalizão, que analisamos nos capítulos anteriores, tem suas peculiaridades no âmbito subnacional.

Atente para a Tabela 6.1, a seguir, que ajuda a introduzir o ponto: ela apresenta o tipo de coalizões legislativas existentes no âmbito subnacional com base no levantamento de dados para alguns casos.

Tabela 6.1 – Tipos de coalizões legislativas de apoio ao governador (estados e períodos selecionados)

Estado	Período	Coalizões majoritárias	Coalizões minoritárias
Paraná	1983-2014	8	0
Rio Grande do Sul	1983-2014	3	5
Santa Catarina	1983-2014	7	1
São Paulo	1995-2010	1	8
Rio de Janeiro	2003-2010	5	3
Espirito Santo	2003-2010	2	7
Maranhão	2003-2009	4	

Fonte: Borges, 2018; Graça; Pinto, 2018; Lacerda, 2018; Rainha, 2018; Tomio; Miranda, 2018.

Observe que há mais variações em respeito à esfera federal, ressaltando, em particular, a presença mais significativa de governos minoritários. Cabe lembrar que essas coalizões não são, diretamente, dedutíveis do processo eleitoral, ou seja, os partidos que constituem alianças eleitorais e apoiam um candidato governador não necessariamente farão parte da coalizão de governo formada após as eleições. Na prática, o apoio legislativo gozado pelo governador na Assembleia estadual varia consideravelmente durante o mandato. Entretanto, essa situação não deve ser interpretada de imediato como falta de apoio à agenda legislativa do governador. A Tabela 6.2, a seguir, reporta as taxas de sucesso do Executivo e do Legislativo estaduais para problematizar essa questão. Entre parênteses, constam os anos iniciais das legislaturas sobre as quais os dados se referem. No caso, 1999 ou 2003.

Tabela 6.2 – Taxa de sucesso legislativo nas Assembleias estaduais por origem e casos selecionados (valores em %)

Estados	Executivo	Legislativo
Alagoas (2003)	91,7	43,3
Amapá (1999)	93,8	54,2
Amapá (2003)	91,9	57,6
Ceará (1999)	92,9	40,2
Ceará (2003)	95,5	37,8
Espírito Santo (1999)	85,4	57,3
Espírito Santo (2003	95,0	55,9
Minas Gerais (1999)	67,4	54,0
Minas Gerais (2003)	74,1	51,8
Paraíba (2003)	97,0	57,8
Paraná (1999)	81,4	54,0
Paraná (2003)	91,4	50,5
Rio de Janeiro (1999)	78,0	23,2
Rio de Janeiro (2003	82,7	21,2

(continua)

(Tabela 6.2 – conclusão)

Estados	Executivo	Legislativo
Rio Grande do Sul (1999)	78,3	26,2
Rio Grande do Sul (2003)	91,1	27,2
Santa Catarina (1999)	91,9	59,9
Santa Catarina (2003)	93,6	72,5
Sergipe (2003)	98,4	97,1
São Paulo (1999)	75,3	24,6
São Paulo (2003)	79,6	31,6
Total (Assembleias Legislativas)	87,6	43,3

Fonte: Elaborado com base em Tomio; Ricci, 2018.

A leitura dos dados leva a duas observações principais. Em primeiro lugar, os governadores são, geralmente, **bem-sucedidos** se comparados às propostas oriundas de deputados; existem diferenças significativas entre um estado e outro, ou até entre uma legislatura e outra, mas, em geral, o Executivo aprova os projetos que apresenta apesar de, formalmente, não constituir governos majoritários. Ao mesmo tempo, há outra informação digna de nota: as taxas de sucesso dos Legislativos estaduais são **elevadas** quando comparadas com a do Legislativo federal. O caso-limite de Sergipe, onde, praticamente, todos os projetos oriundos do Legislativo tornam-se lei, chama a atenção para um processo legislativo que adquire conotação diferente comparativamente à lógica observada no Congresso Nacional.

Os dados apresentados nos levam para a discussão de dois temas. De um lado, como explicar o sucesso do Executivo nas Assembleias estaduais? Se, como visto, o governador, frequentemente, exerce o mandato em situação de minoria parlamentar, como isso afeta a produção legislativa? Por outro lado, como explicar as altas taxas de sucesso dos deputados estaduais?

Nas duas seções a seguir, mostraremos como a literatura tem respondido a essas questões. O texto da Seção *Importante!*, a seguir, enquadra historicamente o papel das Assembleias Legislativas para o Brasil.

> **Importante!**
>
> **As Assembleias estaduais ao longo dos séculos**
>
> No Brasil, as Assembleias Legislativas remontam ao Império. O Ato Adicional de 1834 criou as Assembleias Legislativas Provinciais com capacidade legislativa sobre assuntos municipais e provinciais. As Assembleias Provinciais constituíam-se como órgãos com ampla autonomia para administrar cada região.
>
> Com a instauração da República, em 1889, a dimensão federativa foi extremamente valorizada. Cada estado tinha uma Assembleia Legislativa, podendo ser unicameral ou bicameral, isto é, dividida em Câmara e Senado estadual.
>
> A Revolução de 1930 extinguiu as Assembleias Legislativas, as quais reinstaladas novamente em 1935. Entretanto, o início do Estado Novo, em 1937, encerrou essa brevíssima experiência. Após a democratização do país, em 1946, as Assembleias sempre estiveram atuantes, salvo algumas interrupções durante o regime militar.

(6.2)
Sucesso do Executivo
e o arranjo institucional

Até o início do século XXI, os estudiosos argumentavam que as Assembleias Legislativas tinham, no Brasil, um papel homologatório frente um Executivo estadual dominante. A essência do argumento girava em torno do reconhecimento de que os deputados estaduais, diante da fraqueza dos partidos, dependiam do acesso a recursos públicos para sobreviver politicamente. Assim, eles apoiariam o governador que os beneficiaria distribuindo recursos ou cargos do Executivo. Assim, nos termos de Fernando Abrucio (1998, p. 163), "os governadores possuíam controle total das Assembleias Legislativas, aprovando, com grande facilidade, os principais projetos de lei que lhes interessavam".

Vários autores endossaram o raciocínio apontando para a grande capacidade de aprovação de legislação iniciada pelo Executivo em outras Assembleias estaduais brasileiras, como São Paulo (Abrucio; Teixeira; Costa, 2001), Espírito Santo (Domingues, 2001) e, mesmo que de forma menos enfática, para o Rio Grande do Sul (Grohmann, 2001) e Paraná (Braga; França, 2008). Basicamente, essa interpretação girava em torno do contraste entre um Executivo com fortes poderes e um Legislativo fraco em razão de sua organização interna e cujos membros, diante da debilidade dos partidos políticos, dependeriam do acesso a recursos públicos monopolizados pelos governadores. Os dados reportados pela Tabela 6.2, apresentada anteriormente, apontando o alto sucesso da iniciativa legislativa dos governadores, poderiam ser interpretados à luz dessa abordagem.

No entanto, estudos posteriores questionaram a ideia de que o sucesso legislativo do governador se explique pela fraqueza da

Assembleia Legislativa. Alternativamente, tem sido constatado que a dinâmica legislativa subnacional é fortemente condicionada pelo arranjo institucional federativo. Observando as prerrogativas constitucionais que a Constituição Federal e as respectivas Constituições estaduais conferem ao governador, os especialistas notaram como o escopo decisório do legislativo estadual encontra-se limitado em termos das questões sobre as quais deve, de fato, legislar. Segundo o art. 25, parágrafo 1º, da Constituição Federal, "são reservados aos Estados as competências que não lhes sejam vedadas por esta Constituição" (Brasil, 1988). Como a Constituição de 1988 é extremamente detalhada nas atribuições da União, dos estados e dos municípios, compete estritamente aos estados legislar de forma **concorrente**[3] com a União em uma série de assuntos. Nomeadamente,

> tributários, econômicos, de políticas públicas (educação, saúde, desenvolvimento, meio-ambiente etc.) e administração pública – geralmente, a partir de critérios claramente expressos na Constituição e nas Leis Complementares federais. Além disto, a mesma constituição elevou os municípios ao status de entes federativos, reservando a esses o home rule e a plena autonomia política.[4] Portanto, toda esfera de "assuntos de interesse municipal" tornou-se objeto normativo de decisões legislativas autônomas dos governos municipais. [...] como a União possui competência normativa

---

3 Mais especificamente, o art. 24. da CF 1988 determina que "Compete à União, aos Estados e ao Distrito Federal legislar concorrentemente sobre: [...] § 1º No âmbito da legislação concorrente, a competência da União limitar-se-á a estabelecer normas gerais. § 2º A competência da União para legislar sobre normas gerais não exclui a competência suplementar dos Estados. § 3º Inexistindo lei federal sobre normas gerais, os Estados exercerão a competência legislativa plena, para atender a suas peculiaridades. § 4º A superveniência de lei federal sobre normas gerais suspende a eficácia da lei estadual, no que lhe for contrário" (Brasil, 1988).

4 Para a compreensão da dinâmica referente à criação e às prerrogativas constitucionais dos municípios após a Constituição de 1988, ver Tomio (2002).

exclusiva abrangente (vinte e nove temas, que vão do direito civil e penal à propaganda comercial e serviço postal), resta aos estados o papel de produzir norma jurídica muito limitada. (Ricci; Tomio, 2012, p. 264)

O Quadro 6.1, a seguir, esquematiza as competências legislativas privativas e concorrentes da União e dos estados e entre os poderes Executivo e Legislativo, segundo a CF 1988.

Quadro 6.1 – Distribuição de Poderes Legislativos segundo a CF 1988 entre União e estados, Executivo e Legislativo

		Poderes Legislativos (Executivo e Legislativo)		
		Privativa (Executivo)	Concorrente	Privativa (Legislativo)
Poderes Legislativos (Estados e União)	Privativo da União	-	Fundamentais; Nacionalidade; Organização dos poderes; Organização do estado; Político; Eleitoral; Civil; Penal; Processual; Defesa; Segurança; Financeiro; Agrário; Comercial; Comunicações; Riquezas minerais/atômicas; Marítimo; Aeronáutico/ espacial; Trabalho; Trânsito; Transportes.	-
	Concorrente- Norma geral (federal) e específica (estadual)	-	Social; Política urbana; Econômico; Ambiental; Patrimônio histórico.	-
	Concorrente- Paralela (plenas e não excludentes) entre União e Estados	Orçamentário; Administrativo.	Tributário; Organização (território).	-
	Privativa dos Estados	-	-	-

Fonte: Tomio; Ricci, 2018, p. 21.

E não para por aí. Os especialistas descobriram que, em todos os estados, cabe **exclusivamente** ao Poder Executivo iniciar legislação sobre questões tributárias e orçamentárias, o efetivo e a forma de funcionamento da Polícia Militar, a estrutura administrativa do próprio Executivo (como secretarias e outros órgãos), a defensoria pública e o regime do serviço público (quanto à definição de salários, pensões e cargos). Tudo isso explicaria o sucesso legislativo dos governadores. Justamente pelo fato de se tratar de assuntos, em geral, não relacionados com aspectos ideológicos-partidários, não existiram obstáculos à sua aprovação. Dada a situação das prerrogativas definidas em lei, para os deputados estaduais e os respectivos partidos seria, então, preferível um Executivo com suficiente capacidade de produção legislativa a um governador fraco e incapaz de implementar suas proposições no parlamento. Nesse sentido, para a maioria dos deputados estaduais, um governador que implemente a agenda legislativa já predefinida parece um resultado mais bem comparado a um contexto de paralisia decisória (Tomio; Ricci, 2012).

Atente que não se trata de negar a existência de conflito nas Assembleias Legislativas, observável na contraposição entre governo e oposição (Silame, 2016), mas relativizá-lo conforme o tipo de pauta a ser votada. Obviamente, isso não exclui a centralidade dos órgãos locais na administração dos recursos públicos.

De certa forma, como o texto da Seção *Importante!* no fim deste tópico sugere, a criação de municípios no Brasil pode também ser explicada pela tendência crescente à **descentralização das políticas públicas**, como a educação e a saúde.

Uma forma de medir o tamanho dessa delegação de poderes ao Executivo estadual, prevista na letra da lei, é voltar a atenção para o instrumento da medida provisória. Como você estudou no Capítulo 3, os presidentes brasileiros fazem amplo uso das MPs, sobretudo, para intervir em questões econômicas. Trata-se de uma delegação de competências do Legislativo ao Executivo. Em termos de delegação legislativa, aliás, há outro instrumento legislativo a se considerar: a lei delegada (LD).

O Quadro 6.2, a seguir, informa como os estados brasileiros comportam-se diante da possibilidade de usufruir de MPs e LDs.

Quadro 6.2 – Delegação legislativa aos Executivos Estaduais (MP e LD)

		MEDIDA PROVISÓRIA (MP)	
		Sim	Não
LEI DELEGADA (LD)	Sim	(4 Estados) SC, TO, AC, PB	(16 Estados) BA, RR, MG, PR, RJ, MS, MT, GO, SE, AL, PE, RN, CE, PA, AP, RO
	Não	(2 Estados) PI, MA	(4 Estados) SP, RS, ES, AM

Fonte: Tomio; Ricci, 2018, p. 24.

O panorama retratado revela que apenas 6 dos 26 estados – Santa Catarina, Acre, Tocantins, Maranhão, Paraíba e Piauí – atribuem ao Executivo estadual a prerrogativa de editar MP. Da mesma forma, somente 6 dos 26 estados não têm a LD como instrumento no processo legislativo estadual – Piauí, Maranhão, São Paulo, Rio Grande do Sul, Espírito Santo e Amazonas.

A análise da produção legislativa dos estados têm demonstrado que o volume de MPs e de LDs apresentado é baixo. Estudos mostram que os governadores enviaram uma média de 76 projetos de lei ao ano entre 1989 e 2012. Considerando os 26 estados, o total de projetos de lei apresentados nesse período chegaria a cerca de 45 mil, em que MPs e LDs representam menos de 3% das proposições legislativas estaduais apresentadas pelos governadores (Tomio; Ricci, 2018).

Em números absolutos, foram editadas apenas 866 MPs e 346 LDs em 10 estados. 16 dos 20 estados com previsão de LD não editaram nenhuma lei do gênero, assim como, no Piauí, nenhuma MP foi proposta de 1989 até 2012. Todas as únicas cinco MPs editadas no Acre datam de 1990. No Estado do Tocantins, o histórico de utilização da MP é declinante, onde o dispositivo serviu para acelerar a institucionalização da máquina administrativa do estado e excluir as oposições desse processo. Quanto à LD, observamos mais recorrência nos Estados do Amazonas, de Minas Gerais e de Alagoas, em duas legislaturas (2003/2010). Os números apontam uma diferença entre MP e LD. Como visto, a LD representa uma forma de delegação mais limitada quando comparada à MP. Um claro motivo para que os Executivos com MP e LD não façam uso da segunda forma de delegação. Isso significa que os governadores não se servem de MP e LD, prioritariamente, para aprovar sua agenda.

Todas as LDs e cerca de 90% das MPs referem-se à legislação centrada na regulamentação da Administração Pública, versando sobre quadro de pessoal, finanças, organização administrativa e questões fiscais e patrimoniais. Somente os 10% de MPs restantes disciplinam políticas públicas, como saúde, educação e transportes – segundo a literatura, trata-se de um dado que prova como a delegação legislativa estadual não amplia o poder de agenda dos governadores. O texto constitucional deixa pouco espaço para se legislar nos estados, assim, mesmo quando recorre às MPs, o governador, em geral, propõe leis sobre questões restritas, basicamente, destinadas a regrar a própria máquina pública. Daí não fazer sentido encarar os instrumentos de delegação legislativa à altura dos Executivos estaduais como causa do sucesso legislativo dos governadores. Levando em conta as altas taxas de sucesso dos projetos de lei de autoria do Executivo, no limite, parece plausível supor que os governadores aprovariam projetos de mesmo conteúdo, independentemente do formato legislativo apresentado, isto é, tanto via PLs quanto por meio de MPs ou LDs. Esse raciocínio explicaria a baixa incidência de leis aprovadas nos estados originadas de instrumentos de delegação legislativa.

> **Importante!**
>
> **A criação de municípios no Brasil**
>
> Uma das atribuições estaduais diz respeito à organização do território. A Constituição de 1988 delegava aos estados a tarefa de regulamentar as emancipações da União. Isso incentivou a criação de inúmeros municípios, sobretudo, de dimensões pequenas (menos de 10 mil habitantes) e situados em regiões do interior.
>
> As causas que levaram ao incremento abrupto na criação de municípios são de ordem política, ainda que variadas. De acordo com Fabricio Tomio (2002), alguns fatores que favoreceram a multiplicação de municípios foram a descentralização fiscal, as regras por trás da transferência para o nível estadual da decisão sobre as exigências mínimas para se emancipar, a divisão dos recursos do Fundo de Participação Municipal feita nacionalmente e o interesse eleitoreiro dos deputados estaduais, animados em tentar aproveitar o processo emancipatório para ter uma chance de aumentar seus retornos eleitorais.
>
> Contudo, o Poder Legislativo federal reagiu ao processo de excessiva pulverização dos municípios por meio da Emenda Constitucional nº 15/1996. Através dela, criou-se uma série de limitações ao processo emancipatório, que, na visão de muitos, tinha-se tornado abusivo. Desde então, para se cogitar levar adiante a emancipação de um território deve ocorrer um "estudo de viabilidade" do novo município e a questão também seguir a plebiscito.

> Existem muitas razões que, em conjunto, estimularam a multiplicação de municípios no pós-1988. Em primeiro lugar, vale lembrar que as demandas emancipatórias vindas das pequenas localidades cresceram conforme a descentralização fiscal se consolidou no Brasil. A transferência da regulamentação das emancipações municipais para o escopo dos estados ocorreu justamente quando democratização e descentralização apareciam no léxico político do Brasil quase como sinônimos. Um raciocínio que favoreceu a posição dos defensores de leis emancipatórias mais permissivas, ampliando o leque de territórios emancipáveis. Outro fator determinante por trás da criação de novos municípios no país diz respeito ao protagonismo dado pela legislação aos legisladores estaduais na hora de se definir os procedimentos necessários à promulgação de leis emancipatórias. Acredita-se que os políticos decidiram aprovar a maior parte das demandas de emancipação municipal por preverem a boa visibilidade da prática em termos de capital político digno de propagandear em suas posteriores campanhas à reeleição (Tomio, 2002).

(6.3)
Atuação legislativa dos deputados estaduais

Vimos, até aqui, que os estudos legislativos, normalmente, problematizam o presidencialismo de coalizão com base na análise das relações Executivo-Legislativo no âmbito federal, decomposta na análise da atuação legislativa do presidente da República e dos deputados federais. Neste capítulo, começamos a problematizar o presidencialismo de coalizão na esfera estadual partindo do estudo da atuação legislativa dos governadores. Agora, passaremos a tratar da questão relativa ao sucesso das propostas de lei submetidas pelos deputados estaduais. O que deveríamos esperar do conteúdo delas? A tese da conexão eleitoral aprofundada no Capítulo 4 foi criada para pensar o Congresso norte-americano e afirma que a literatura dedicada ao assunto explica o conteúdo das leis com base no exame dos **incentivos** criados pelas regras eleitorais. Quando a teoria passou a inspirar a análise comparada, os primeiros autores que tentaram aplicá-la para o caso brasileiro interpretaram o sistema de representação proporcional de lista aberta usado no país como um estímulo à apresentação de projetos de leis paroquiais pelos deputados federais. Essa interpretação frisava, sobretudo, o quanto a lista aberta incentivava a competição intrapartidária no Brasil e a consequente personalização das campanhas eleitorais, além de assumir a concentração eleitoral dos votos no país, supondo que os políticos investiam na proposição de *pork barrel politics*, justamente pensando em mencioná-las durante a propaganda à reeleição. Dessa forma, as propostas de lei submetidas por deputados e senadores não se preocupariam com o enfrentamento de questões mais abrangentes e fundamentais (Mainwaring, 2001; Ames, 2001). A autoria das leis regrando políticas públicas de cunho mais nacional ficaria a cargo do Poder Executivo. Uma situação também decorrente dos incentivos criados pelas regras eleitorais. Como o presidente da República compete em uma eleição de âmbito nacional, não haveria motivo racional para os candidatos presidenciáveis montarem campanhas baseadas em *pork barrel*.

Como destacamos no Capítulo 4, a inspiração da tese da conexão eleitoral para interpretar a produção legislativa dos deputados federais já foi superada diante dos achados dos estudos posteriores, constatando o predomínio de leis de caráter geral de iniciativa dos deputados (Amorim Neto; Santos, 2003; Lemos, 2001; Ricci, 2003). Entretanto, o argumento desenvolvido para pensar a produção legislativa dos deputados federais pode servir de ponto de partida para encarar o caso dos deputados estaduais, eleitos segundo as mesmas regras eleitorais. Fabrício Tomio e Paolo Ricci (2018) têm-se valido dessa estratégia para analisar o conteúdo das propostas de lei apresentadas tanto pelos deputados estaduais quanto pelos governadores com o propósito de entender se existe uma lógica distinta operando a produção legislativa do Legislativo e do Executivo subnacionais no Brasil. O estudo examina os projetos de lei que tramitaram em 12 Assembleias Estaduais durante as legislaturas iniciadas em 1999 ou em 2003. Os autores identificaram três tipos de projetos de lei.

Um primeiro tipo diz respeito à **norma estadual**, que representa aquelas propostas de lei atingindo a população de todo o estado ou parte dessa população estadual residente em municípios localizados em mais de uma região do estado. O segundo tipo de projeto de lei identificado diz respeito à **norma municipal**, que, como o próprio nome sugere, define os projetos de lei levando benefícios para determinado município ou, de forma mais abrangente, para um conjunto de municípios concentrados em uma única região do estado. Por fim, os autores propõem o tipo **simbólico** para enquadrar todas as propostas de lei que não trazem benefícios tangíveis, ou reais, para a população, a exemplo daquelas normas denominando aparelhos públicos, ou privados, como postos de saúde, escolas, praças, pontes, ruas, aeroportos etc. Na prática, esse tipo de projeto de lei não se converte em um benefício concreto para a comunidade local. Trata-se de uma mera sinalização simbólica que, na visão de Tomio e Ricci (2018), não se materializa na forma de um incremento do bem-estar do eleitor e, por isso mesmo, não dá conta de explicar a tese da conexão eleitoral, afeita à troca de benefícios por votos.

A Tabela 6.3, a seguir, descreve a incidência percentual dos três tipos de projetos de lei iniciados pelo Executivo e pelo Legislativo no contexto das 12 Assembleias estaduais pesquisadas pelos autores.

Paolo Ricci e Jaqueline Porto Zulini

Tabela 6.3 – Conteúdo dos projetos de lei apresentados nas Assembleias Legislativas, por origem e casos selecionados (em percentuais %)

Estados	Executivo				Legislativo			
	Estadual	Municipal	Simbólico	Total	Estadual	Municipal	Simbólico	Total
Alagoas	93,5	4,1	2,4	339	49,5	36,4	14,1	269
Amapá	91,5	8,0	0,5	199	71,9	21,5	6,6	711
Ceará	91,1	6,8	2,1	520	61,2	15,8	23,0	1322
Espírito Santo	89,9	8,9	1,2	1219	55,1	17,0	27,9	3121
Minas Gerais	51,0	29,9	19,1	628	37,7	56,4	5,8	5834
Paraíba	76,4	17,8	5,8	174	45,4	19,8	34,8	1166
Paraná	69,8	29,4	0,8	371	37,2	54,5	8,3	4767
Rio de Janeiro	91,9	6,5	1,6	321	83,9	11,6	4,5	6566
Rio Grande do Sul	62,4	37,3	0,3	919	79,8	10,1	10,1	1768
Santa Catarina	47,4	51,6	1,0	1125	37,0	47,7	15,3	2744
São Paulo	60,5	38,1	1,4	486	54,7	22,5	22,8	7327
Sergipe	83,2	6,7	10,1	374	16,7	82,4	0,9	1251
Total	71,7	24,8	3,5	6675	53,8	32,7	13,5	36846

Observação: As legislaturas consideradas foram estas: Amapá (2003-2007; 2007-2011), Alagoas (2003-2007), Ceará (2003-2007; 2007-2011), Espírito Santo (2003-2007; 2007-2011), Minas Gerais (2003-2007; 2007-2011), Paraíba (2003-2007; 2007-2011), Paraná (2003-2007; 2007-2011), Rio de Janeiro (2003-2007; 2007-2011), Rio Grande do Sul (2003-2007; 2007-2011), Santa Catarina (2003-2007; 2007-2011), Sergipe (2003-2007), São Paulo (2003-2007; 2007-2011).

Como você observou, os números mostram que, exceto em Minas Gerais e em Santa Catarina, predominam as normas de cunho estadual, um dado que retoma, portanto, o ponto discutido no capítulo anterior quanto à influência dos grupos de interesses no processo legislativo. Além disso, mais uma vez, a variação entre os estados destaca-se no que se refere às políticas preferidas. Em Minas Gerais, no Paraná, no Rio Grande do Sul, em Santa Catarina e em São Paulo, o Poder Executivo revela-se mais propenso à adoção de medidas municipais. O mais interessante, porém, surge da classificação dos projetos de lei de iniciativa dos deputados estaduais. Seguindo a teoria da conexão eleitoral, deputados investem em políticas paroquiais, o que, nos termos da classificação proposta por Tomio e Ricci (2018), equivaleria, sobretudo, a políticas municipais propostas pelo Poder Legislativo.

Entretanto, a tabela revela que os deputados estaduais não se concentram, exclusivamente, na apresentação de projetos de lei de tipo municipal, pelo contrário, os números levantados apontam para o caráter minoritário desse tipo de iniciativa de lei e contradizem a imagem de que o deputado estadual prefira se envolver, antes de tudo, em atividades locais. Na maioria das Assembleias Legislativas estudadas, as propostas de lei iniciadas pelos deputados têm apelo estadual. Apenas nos estados de Minas Gerais, do Paraná, de Santa Catarina e de Sergipe, os deputados estaduais privilegiaram a proposição de leis do tipo municipal. Não se pode, portanto, presumir um comportamento legislativo uniforme dos deputados estaduais com relação às políticas paroquiais. Nesse quesito, observamos uma significativa variação estadual (Castro; Anastasia; Nunes, 2009; Tomio; Ricci, 2018).

Contudo, a elevada incidência de projetos de lei de escopo estadual apresentados pelos deputados nas Assembleias Legislativas desafia a tese da conexão eleitoral e exige uma explicação. Uma possível razão para os deputados estaduais proporem leis de tipo estadual poderia ser o interesse deles em acenar para eventuais eleitores que não se encontram geograficamente concentrados. Tomio e Ricci (2018) observaram que muitos dos projetos de lei de cunho estadual apresentados pelos deputados estaduais pretendem levar **benefícios concretos** para setores organizados da sociedade, como categoriais profissionais (professores, militares, agricultores etc.). Na visão dos autores, isso representa um indicativo da série de instrumentos utilizados pelos deputados no objetivo de perseguir a reeleição, fazendo sentido pensar que, talvez, a proposição de leis do tipo municipal não signifique o instrumento mais relevante.

Além das propostas de lei, é importante analisarmos o que, de fato, transforma-se em lei nas Assembleias Legislativas estaduais. A Tabela 6.4, a seguir, apresenta as taxas de sucesso legislativo dos projetos de lei iniciados pelos poderes Executivo e Legislativo em alguns estados brasileiros, diferenciando o tipo de conteúdo das propostas.

Tabela 6.4 – Taxa de sucesso legislativo nas Assembleias Legislativas, por origem e conteúdo (casos selecionados)

Estados	Executivo			Legislativo		
	Estadual	Municipal	Simbólico	Estadual	Municipal	Simbólico
Alagoas	92,1	85,7	87,5	9,8	80,6	65,8
Amapá	92,3	93,8	100	47,3	76,5	78,7
Ceará	94,7	97,1	100	19,4	73,3	66,1
Espírito Santo	87,9	93,6	92,9	33,3	71,5	91,7
Minas Gerais	78,4	54,3	83,3	19,6	75,8	44,9
Paraíba	96,2	100,0	88,9	23,6	79,7	88,9
Paraná	85,3	90,8	100,0	23,0	71,8	59,5

(continua)

(Tabela 6.4 – conclusão)

Estados	Executivo			Legislativo		
	Estadual	Municipal	Simbólico	Estadual	Municipal	Simbólico
Rio de Janeiro	81,0	90,5	80,0	16,7	45,5	60,6
Rio Grande do Sul	83,2	91,8	100	16,4	67,4	67,6
Santa Catarina	90,8	95,5	81,8	29,0	88,2	85,9
São Paulo	82,3	69,7	71,4	9,6	36,9	59,3
Sergipe	99,1	98,2	100,0	83,7	99,3	81,8
Total	88,3	87,3	88,3	19,9	71,1	69,9

Fonte: Ricci; Tomio, 2018.

Assim como ocorre no plano federal, o Poder Executivo aprova a maior parte das leis que apresenta e é mais bem-sucedido comparativamente ao Poder Legislativo nesse aspecto. Aliás, independentemente do conteúdo do projeto de lei aprovado, o Executivo detém taxas de sucesso acima dos 80% tanto em termos das normas estaduais (88,3%) quanto das municipais (87,3%) e das simbólicas (88,3%). Minas Gerais destoa do padrão apresentando uma taxa de sucesso bem menor para os projetos de cunho estadual e, sobretudo, para as propostas de tipo municipal. Já, no caso das propostas de lei submetidas pelos deputados estaduais, os dados mostram que, exceto nos estados do Rio de Janeiro e de São Paulo, é baixo o índice de sucesso das normas estaduais e elevado o valor para as propostas de lei com foco municipal. Dito de outro modo: os deputados estaduais têm mais chance de ver aprovadas suas propostas legislativas quando elas versam sobre questões de cunho municipal.

Entretanto, como os deputados estaduais apresentam uma considerável parcela de propostas de lei do tipo estadual, mesmo que tenham menos sucesso legislativo nessa área, ela pode tornar-se expressiva no conjunto da produção legislativa de origem parlamentar. Observe o Gráfico 6.1, a seguir, que representa a distribuição percentual dos projetos de lei submetidos pelos deputados estaduais que se transformaram em norma jurídica, diferenciando por conteúdo e por casos selecionados.

Gráfico 6.1 – Legislação de origem parlamentar por conteúdo (em %) e casos selecionados

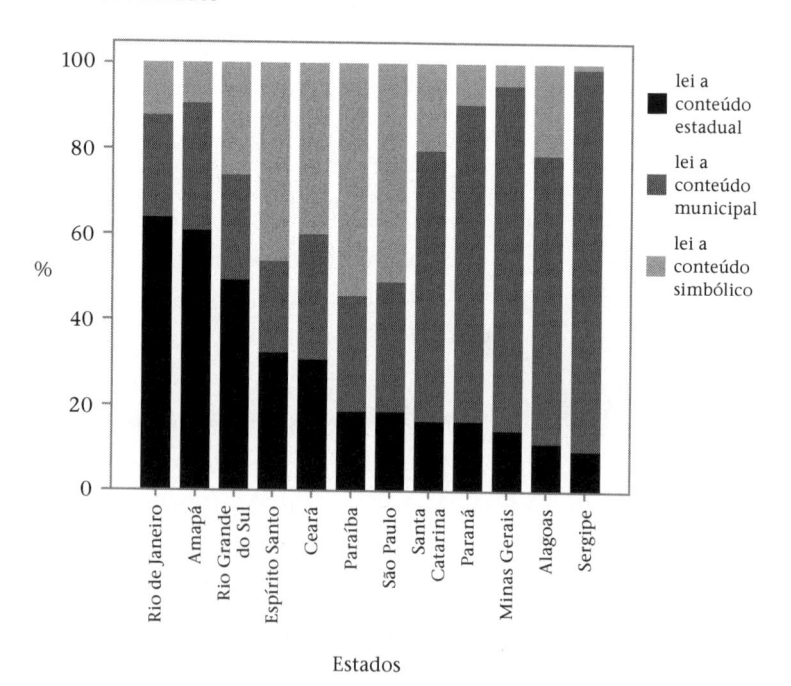

Fonte: Ricci; Tomio, 2018, p. 41.

Como você observou, o gráfico revela que os deputados estaduais dedicam-se mais a políticas paroquiais (captadas pelas normas de cunho municipal) em comparação com os deputados federais, o que não significa que os deputados estaduais vejam-se impedidos de legislar em matérias do tipo estadual. A questão pode parecer mais evidente no caso dos estados do Amapá, do Rio de Janeiro e do Rio Grande do Sul, mas também se faz notar para o Ceará e o Espírito Santo, onde cerca de um terço das leis de origem parlamentar têm características gerais, considerando atingirem o território estadual como um todo. Embora o Poder Executivo nos estados concentre a maioria das prerrogativas de proposição de leis relevantes e isso limite a margem de atuação legislativa dos deputados estaduais, quando eles propõem leis de cunho estadual, automaticamente criam, alteram ou regulamentam políticas públicas mais abrangentes.

Uma última reflexão importante quanto à produção de cunho municipal dos deputados estaduais refere-se ao assunto específico tratado por esse tipo de lei. Segundo Tomio e Ricci (2018), o reconhecimento "de utilidade pública" para associações e entidades sem fins lucrativos assume protagonismo, representando 86,8% das normas de tipo municipal submetidas e aprovadas pelos deputados estaduais em um total de 12 assembleias estaduais[5]. A grande exceção surge em razão do que se observa no Estado do Rio Grande do Sul, onde as leis de utilidade pública equivalem a apenas 2% do total das leis paroquiais e prevalecem, antes, leis transformando municípios em instâncias turísticas ou similares.

---

5 Quando uma associação ou entidade é declarada de "utilidade pública", passa a poder se candidatar para receber transferências de recursos orçamentários estaduais e municipais.

(6.4)
PAPEL DAS ASSEMBLEIAS LEGISLATIVAS EM PERSPECTIVA COMPARADA

Consideramos importante trazer para a discussão o papel das instituições representativas subnacionais e sua capacidade legislativa em perspectiva comparada. Uma dimensão geralmente considerada pelos estudiosos para explicar o ativismo legislativo das instâncias subnacionais é o federalismo. Por muito tempo, a literatura comparada tem diferenciado países unitários e países federativos com base na noção de que os segundos caracterizam-se pela divisão dos poderes entre vários níveis do governo, cada um dos quais exercendo uma relação direta com os cidadãos. Em geral, países de grande extensão territorial tenderiam a adotar a fórmula federativa, a exemplo dos Estados Unidos, do Canadá, da Índia e do Brasil, embora países menores, eventualmente, prefiram o federalismo, como no caso da Suíça.

Outro ponto trivial para a literatura comparada reforça a ideia de que, por definição, federações manteriam uma segunda Casa representativa onde, a rigor, se devem fazer representar os interesses dos territórios. No caso do Brasil, o Senado aparece, constitucionalmente, designado a atuar em nome dos estados. De fato, os comparativistas enfocam a dicotomia Estado unitário *versus* Estado federativo para sustentar o entendimento de que os países unitários teriam um grau de centralização maior em relação aos países federativos. Isso significaria, por exemplo, que, nos países unitários, o governo central concentraria ampla autonomia para definir as políticas fiscais e os impostos sobre mercadorias (Lijphart, 2003).

Uma literatura mais recente tem mostrado que pensar o federalismo nesses termos reduz a interpretação sobre o federalismo em torno da dicotomia centralização *versus* descentralização, insensíveis às diferenças entre os estados federativos e entre estados não federativos. Basta pensar os casos de países unitários como Dinamarca, Portugal e Itália, que adotaram reformas conferindo às instituições subnacionais autonomia tributária ou em políticas públicas. Nessa linha interpretativa, alguns autores (Hooghe; Marks; Schakel, 2010) têm proposto a adoção de um conjunto de critérios para capturar, em profundidade, as diferenças entre os governos regionais dos países partindo de duas dimensões: **autogoverno** (*self-rule*) e **governo compartilhado** (*shared rule*).

A primeira dimensão trata da capacidade do governo regional para exercer, autonomamente, autoridade sobre questões inerentes ao seu território. A segunda dimensão diz respeito à capacidade de influenciar as regras gerais do país como um todo. O Quadro 6.3, a seguir, apresenta essas duas dimensões e as oitos subdimensões inerentes a cada uma delas.

Quadro 6.3 – Dimensões da autonomia regional

Self-rule (autogoverno) A autoridade exercida pelo governo regional sobre os indivíduos residentes no território por ele administrado.	
Profundidade institucional	Medida em que o governo regional é autônomo mais do que desconcentrado.
Amplitude de políticas	Escopo das políticas pelas quais o governo regional é responsável.
Autonomia tributária	Medida em que o governo regional pode taxar sua população.
Representação	Medida em que o governo regional é dotado de um órgão legislativo e um executivo independentes.

(continua)

(Quadro 6.3 – conclusão)

Shared rule (governo compartilhado) A autoridade exercida pelo governo regional ou seus representantes no país como um todo	
Participação no processo legislativo	Medida em que representantes regionais nas arenas centrais codetermina a legislação nacional.
Controle do Executivo	Medida em que o governo regional codetermina as políticas nacionais em reuniões intergovernamentais.
Controle fiscal	Medida em que os representantes regionais codeterminam a distribuição da arrecadação nacional.
Reforma constitucional	Medida em que os representantes regionais codeterminam mudanças constitucionais.

Fonte: Schlegel, 2018, p. 274.

A identificação dessas oitos dimensões permite um ganho analítico importante porque viabiliza a observação de como um país mudou ao longo do tempo, assim como possibilita a comparabilidade entre os países. Notamos que a dimensão legislativa das assembleias regionais, tema deste capítulo, perpassa a dimensão da profundidade institucional e da amplitude de políticas. Observamos que o Brasil configura-se como um estado federativo que "que combina ampla autoridade jurisdicional à União com limitadas oportunidades institucionais de veto aos governos subnacionais" (Arretche, 2009, p. 380). A questão, agora, é entender como o Brasil se posiciona em relação a outros países. Rogerio Schlegel (2018) aplicou esses critérios para o caso em questão, comparando com os países contemplados no estudo original de Hooghe, Marks e Schakel (2010) que têm Assembleia ou conselho regional eleito. O Gráfico 6.2, a seguir, informa a respeito do posicionamento de cada país, considerando-se o nível de autogoverno (eixo x) e do governo compartilhado (eixo y). Observe:

Gráfico 6.2 – Autonomia regional dos estados brasileiros *versus* unidades com Câmaras Legislativas

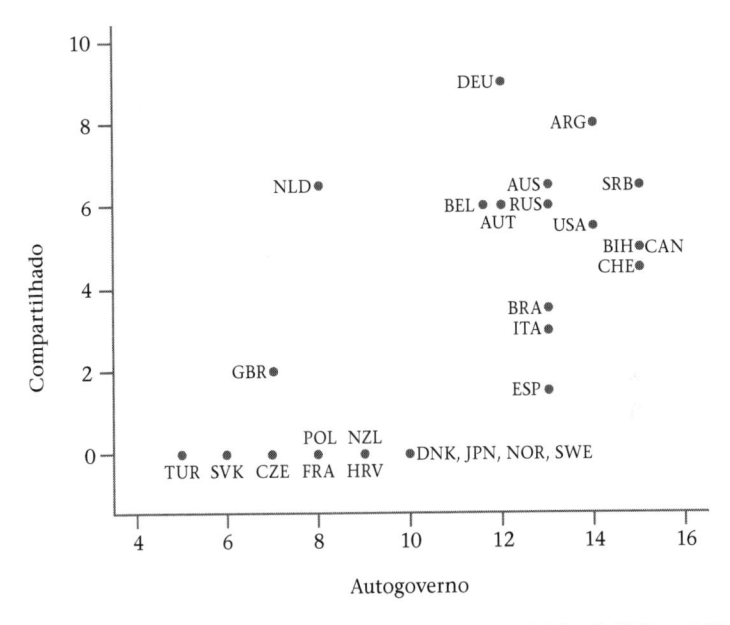

[Gráfico de dispersão com eixo Y "Compartilhado" (0 a 10) e eixo X "Autogoverno" (4 a 16). Pontos: DEU (≈11, 9); ARG (≈13, 8); NLD (≈8, 6); AUS, BEL, RUS, AUT (≈11-12, 6); SRB (≈13, 6); USA (≈12, 5,5); BIH, CAN (≈14, 5); CHE (≈14, 4,5); BRA (≈11, 4); ITA (≈11, 3,5); GBR (≈7, 2); ESP (≈11, 2); TUR (≈5, 0); SVK (≈6, 0); CZE (≈7, 0); POL (≈8, 0); FRA (≈8, 0); NZL (≈9, 0); HRV (≈9, 0); DNK, JPN, NOR, SWE (≈11, 0).]

Fonte: Schlegel, 2018, p. 262.

A leitura do gráfico sugere a existência de três grupos de países (Schlegel, 2018). Um grupo com certo nível de autogoverno, mas sem nenhuma função compartilhada (Turquia, Eslováquia, República Tcheca, Polônia, França, Nova Zelândia, Croácia, Dinamarca, Japão, Noruega e Suécia). Outro grupo apresenta níveis elevados nas duas dimensões, como a Alemanha (DEU), Argentina, Austrália, Sérvia-Montenegro, Bélgica, Áustria, Rússia, Estados Unidos, Bósnia-Herzegovina, Canadá e Suíça. Por fim, um bloco de países que inclui a Itália, a Espanha e o Brasil. Aqui, há autonomia para tomar decisões dentro do território, mas com escassa capacidade de influenciar as decisões federativas, isto é, no Executivo federal e no Congresso Nacional. O Brasil pontua 13 na dimensão do autogoverno: decerto um número elevado considerando-se a pontuação máxima de 15 alcançada pelo Canadá. Não alcança o valor máximo, já que as Assembleias estaduais não podem legislar em matéria de imigração, cidadania ou definir determinados tributos. Entretanto, o Brasil pontua pouco quando passamos à dimensão compartilhada. O **controle do Executivo** é, praticamente, inexistente. Os encontros entre governo federal e governadores são produto da necessidade do momento político e, frequentemente, não preveem a participação de todos os governadores. Da mesma forma, não há intervenção das assembleias na dimensão **reforma constitucional**, de modo que qualquer mudança da Constituição em matéria federativa não se vê sujeita ao aval das instâncias representativas inferiores. No que tange aos **controles fiscais**, os fatos são eloquentes: o governo central não consulta as instâncias representativas subnacionais no mérito da distribuição dos tributos arrecadados.

Por fim, cabe abordar a dimensão da **participação no processo legislativo**. A presença de um Senado federal com o mesmo número de cadeiras para todos os estados aparentemente confere peso significativo à dimensão federativa sobrevalorizando os estados pequenos sobre os demais. Considerando suas prerrogativas constitucionais, confirmadas pelo regimento interno do Senado, que conferem ampla atuação legislativa, os senadores seriam representantes de clivagens políticas estaduais. Na prática, eles sofreriam a influência direta de seus respectivos governadores, atuando no Congresso Nacional como delegados das instâncias políticas estaduais (Stepan, 1999).

Nessa linha argumentativa, Fernando Abrucio (1998) denominou o caso brasileiro de *federalismo estadualista*, sustentando a hipótese de que os líderes estaduais teriam grande peso na política nacional.

Seria este um arranjo institucional que remete aos moldes do presidencialismo experimentado na Primeira República entre 1889 e 1930, quando os deputados e senadores afirmavam sua ação no Congresso conforme a influência direta exercida pelo governador. Estudos mais recentes têm questionado essa interpretação, mostrando que, sobretudo após o Plano Real, em 1994, os governadores perderam seus amplos poderes. A Lei de Responsabilidade Fiscal, de 2000, que impõe limites à despesa com pessoal e, de forma mais geral, estabelece normas para a responsabilidade na gestão fiscal dos governos federal, estaduais e municipais, prevendo punições para o descumprimento das medidas, ajuda a entender o ponto. Analisando o comportamento dos congressistas federais em votações que afetam o pacto federativo, outros autores têm mostrado que o governo federal foi bem-sucedido em aprovar as mudanças da legislação.

Em definitiva, a explicação do comportamento dos legisladores passa pela questão da identidade partidária e do pertencimento à base que apoia o presidente da República. Como afirma Arretche (2012), a forte regulação federal é um elemento central no Brasil contemporâneo, aproximando o federalismo brasileiro às federações centralizadas dos países europeus. Embora existam margens de autonomia na implementação das políticas públicas no nível local, trata-se mais de um problema de gestão do que dos estudos legislativos.

Síntese

Neste capítulo, você aprendeu que a produção legislativa das Assembleias estaduais está fortemente condicionada pelo arranjo federativo brasileiro. Resta pouco espaço para os deputados estaduais gerenciarem uma agenda de políticas públicas autônoma em virtude das limitações previstas na Constituição Federal e incorporadas nas respectivas constituições estaduais, que concentram, no Poder Executivo, as prerrogativas de iniciar a maior parte da legislação. Isso significa que o Brasil, embora adote o federalismo, aproxima-se muito de países unitários, limitando fortemente a ação das instâncias representativas locais. Como as questões municipais são uma das poucas áreas em que os deputados estaduais podem legislar, esses políticos apresentam mais projetos considerados paroquialistas em comparação aos deputados federais. Isso não significa, porém, que o comportamento dos deputados estaduais seja predominantemente personalista. Assim como na esfera federal, também na esfera estadual predomina o comportamento partidário dos deputados.

Questões para revisão

1. O que explica o alto sucesso da iniciativa legislativa dos governadores?

2. Qual o papel da medida provisória estadual? Responda comparando com o uso que se faz desse instrumento legislativo no âmbito federal.

3. Indique se as afirmações a seguir são verdadeiras (V) ou falsas (F).
   ( ) O uso de medidas provisórias no âmbito estadual é de crucial importância para a governabilidade, e sem elas, os governadores não teriam sua agenda de políticas aprovadas em prazo abreviado.
   ( ) O conteúdo da produção legislativa dos deputados estaduais segue o padrão observado na Câmara dos Deputados, isto é, com taxas elevadas de sucesso e predominância das propostas na área social.

( ) O que mais importa para explicar o comportamento dos parlamentares no ato do voto é a identidade partidária e o pertencimento à base que apoia o presidente.

( ) Comparativamente, o Brasil configura-se como um estado federativo que combina ampla autoridade jurisdicional à União, com limitadas oportunidades institucionais de veto aos governos subnacionais.

Agora, assinale a alternativa que corresponde à sequência correta:

a) V, V, V, V.
b) V, V, V, F.
c) V, V, F, V
d) F, F, V, V.
e) F, V, F, V.

4. Assinale a alternativa **incorreta**:

a) A dinâmica legislativa subnacional é fortemente condicionada pelo arranjo institucional federativo definido pela Constituição Federal e as respectivas constituições estaduais, que conferem limitado escopo decisório ao legislativo estadual na produção das leis.

b) Os governos estaduais têm autonomia para tomar decisões dentro do território, mas com escassa capacidade de influenciar as decisões federativas.

c) Abrucio (1998) denominou de *federalismo estadualista* o caso brasileiro, sustentando a hipótese de que os líderes estaduais teriam grande peso na política nacional.

d) Países unitários, isto é, não federativos, como Dinamarca, Portugal e Itália, por definição, não conferem poderes às instituições de nível inferior.

e) No Brasil, qualquer mudança da Constituição, em matéria federativa, está sujeita ao aval das instâncias representativas inferiores.

5. Assinale a alternativa correta:
   a) Brasil e Espanha apresentam características similares quanto à autonomia para tomar decisões dentro do território e à escassa capacidade de influenciar as decisões federativas, isto é, no Executivo federal e no Congresso Nacional.
   b) O Brasil adotou um arranjo federativo apenas recentemente, após o fim do regime militar.
   c) As taxas de sucesso dos Legislativos estaduais são similares àquelas observadas para o Legislativo federal.
   d) Ainda que não sejam muitas, os estados brasileiros têm amplas prerrogativas privativas.
   e) Brasil e Espanha são extremamente opostos quanto à autonomia para tomar decisões dentro do território.

Questões para reflexão

1. De acordo com muitos estudiosos, a concentração de poderes da União deveria ser revista. Em um país continental como o Brasil, seria racional delegar competências e prerrogativas aos estados e municípios que lhes garantam mais autonomia sobre o formato das políticas públicas. Como uma eventual mudança nesse sentido pode impactar a vida política do país?

Para saber mais

STEPAN, A. Para uma nova análise comparativa do federalismo e da democracia: federações que restringem ou ampliam o poder do demos. **Dados**, Rio de Janeiro, v. 42, n. 2, p. 197-251, 1999.

Trata-se de estudo que afirma a importância do federalismo como fator determinante da autonomia dos legisladores federais, influenciando, portanto, o conteúdo das políticas públicas. Esse trabalho será, sucessivamente, criticado pelos autores que centram-se no arranjo institucional de 1988 e resgatam a importância do exame das prerrogativas constitucionais.

ARRETCHE, M. Continuidades e descontinuidades da federação brasileira: de como 1988 facilitou 1995. **Dados**, Rio de Janeiro, v. 52, n. 2, p. 377-423, jun. 2009.

Com base no estudo de 59 medidas legislativas com forte impacto nos estados, o texto da professora Marta Arretche mostra que a Constituição Federal de 1988 combina ampla autoridade jurisdicional para o governo federal, juntamente ao limitado poder de veto institucional para os governos subnacionais.

TOMIO, F. R. L.; RICCI, P. **Governadores e Assembleias Legislativas**: instituições e política nos estados brasileiros. São Paulo: Alameda, 2018.

Por meio de estudos de caso e de uma abordagem comparativa, os autores se propuseram a oferecer um panorama menos fragmentado da área de estudo sobre as Assembleias Legislativas estaduais e os Executivos no Brasil.

Considerações finais

Estudos legislativos foi escrito com o propósito de apresentar ao leitor um panorama detalhado das interpretações em torno do papel do parlamento brasileiro como órgão com funções legislativas. Antes de fechar o livro, três considerações finais merecem o destaque.

Em primeiro lugar, a constatação de que o entendimento de como funciona o processo legislativo não pode estar disjunto de uma análise comparativa. Nesse sentido, traçamos inicialmente um quadro do nosso presidencialismo. A comparação com outras experiências, inclusive parlamentaristas, mostra claramente que temos muitas afinidades no que tange ao processo legislativo. As críticas que a mídia faz à atuação do parlamentar no Congresso Nacional, assim como o senso comum que pouco valoriza essa instituição, são, frequentemente, apresentadas sem entender como funcionam, de fato, as instituições representativas. Dito de outra forma, o Brasil não destoa de outros países democráticos. O que aprendemos aqui é observado em outros contextos. Daí a importância de introduzir teorias e interpretações mais abrangentes do que a mera análise das regras do processo legislativo.

Em segundo lugar, destacamos a ênfase na história das instituições políticas. Apresentamos uma abordagem que ampliou perspectivas para você refletir sobre a trajetória das instituições representativas. As regras não nascem dentro de um vácuo formal, nem são desenhadas pelos políticos de um dia para outro. Para entender como as regras condicionam o comportamento do político no Congresso Nacional, importa reconstruir o desenho institucional. Evidenciamos, também, que, no Brasil, as regras têm um desenho que valoriza o papel dos partidos e tende a centralizar a ação em alguns atores. O ponto é relevante, já que existem pressões para que os parlamentares atuem beneficiando suas bases eleitorais ou determinados grupos de interesse. A lição que aprendemos é clara: a centralização do processo legislativo, conferindo poderes a alguns atores específicos, constitui uma tendência mundial que atende a um processo de paulatina racionalização das relações entre os partidos dentro do Congresso. Para o caso brasileiro, importa, então, compreender como as regras que atribuem competências ao Colégio de Líderes, ao presidente da Mesa ou, em geral, à maioria parlamentar, são cruciais para explicar o sucesso dos partidos no governo. Recuperando a primeira constatação destas reflexões conclusivas, podemos dizer que o presidencialismo de coalizão funciona em razão da existência de regras que colocam, resolutamente, no centro da dinâmica legislativa a componente político-partidária e sua identidade majoritária. Isso vale também para o âmbito das Assembleias Legislativas.

Por fim, gostaríamos de deixar uma mensagem: entender o processo legislativo não é apenas decifrar os mecanismos formais da tomada de decisão. Regras importam, mas, como enfatizamos neste livro, temos de reconhecer que os estudos legislativos devem incorporar, necessariamente, a dimensão da política. Dito de outra forma, a complicação está no fato de que existem atores políticos que adotam decisões políticas e são condicionados o tempo todo por fatores contextuais ou relacionais. As regras podem até racionalizar o processo legislativo, mas o *time* da decisão resta sob o controle da política. Talvez, o caso mais emblemático disso seja a discussão em torno do presidencialismo de coalizão, *conditio sine qua non* para uma análise realística da lógica do funcionamento do processo legislativo. Construir coalizões duradouras é fundamental para que as interações entre Executivo e Legislativo ganhem eficácia e a produção legislativa se estruture. Claramente, isso significa valorizar a componente político-partidária como elemento explicativo principal do processo legislativo em sua distinção entre governo e oposição.

Esperamos, com isso, ter contribuído para aprofundar o conhecimento sobre o Congresso Nacional. Fora de críticas banais, o leitor tem, agora, as ferramentas para pensar melhor como governo e parlamento interagem entre si para fazer políticas e produzir leis.

Paolo Ricci e Jaqueline Porto Zulini

Referências

ABRANCHES, S. **O presidencialismo de coalizão**: raízes e evolução do modelo político brasileiro. São Paulo: Companhia das Letras, 2018.

ABRANCHES, S. Presidencialismo de coalizão: o dilema institucional brasileiro. **Dados**, Rio de Janeiro, v. 31, n. 1, p. 5-38, 1988.

ABRUCIO, F. L. **Os barões da federação**: os governadores e a redemocratização brasileira. São Paulo: Hucitec, 1998.

ABRUCIO, F. L.; TEIXEIRA, M. A. C.; COSTA, V. M. O papel institucional da Assembleia Legislativa Paulista: 1995 a 1998. In: SANTOS, F. (Org.). **O Poder Legislativo nos estados**: diversidade e convergência. Rio de Janeiro: FGV, 2001. p. 219-246.

ALEMÁN, E.; TSEBELIS, G. Political Parties and Government Coalitions in the Americas. **Journal of Politics in Latin America**, v. 3, n. 1, p. 3-28, 2011.

AMES, B. **Institutions and Politics in Brazil**. Ann Arbor: University of Michigan Press, 2001.

AMES, B. **Os entraves da democracia no Brasil**. Rio de Janeiro: Ed. da FGV, 2003.

AMORIM NETO, O. O Brasil, Lijphart e o modelo consensual de democracia. In: MAGNA, I.; RENNÓ, L. (Org.). **Legislativo brasileiro em perspectiva comparada**. Belo Horizonte: Ed. da UFMG, 2009. p. 105-131.

AMORIM NETO, O. **Presidencialismo e governabilidade nas Américas**. Rio de Janeiro: Ed. da FGV, 2006.

AMORIM NETO, O.; SANTOS, F. O segredo ineficiente revisto: o que propõem e o que aprovam os deputados brasileiros. **Dados**, Rio de Janeiro, v. 46, n. 4, p. 661-698, 2003.

ARANTES, R.; COUTO, C. Construção democrática e modelos de Constituição. **Dados**, Rio de Janeiro, v. 53, n. 3, p. 545–585, jul. 2010.

ARRETCHE, M. Continuidades e descontinuidades da federação brasileira: de como 1988 facilitou 1995. **Dados**, Rio de Janeiro, v. 52, n. 2, p. 377-423, jun. 2009.

ARRETCHE, M. **Democracia, federalismo e centralização no Brasil**. Rio de Janeiro: Fiocruz, 2012.

ARROW, K. J. **Social Science and Individual Values**. New York: Wiley, 1951.

AUSTEN-SMITH, D.; BANKS, J. Elections, Coalitions, and Legislative Outcomes. **American Political Science Review**, v. 82, n. 2, 405-422, 1988.

AVELINO, G; BIDERMAN, C.; SILVA, G. P. da. A concentração eleitoral no Brasil (1994-2014). **Dados**, v. 59, n. 4, p. 1.091-1.125, 2016.

AXELROD, R. M. **Conflict of Interest**: a Theory of Divergent Goals with Applications to Politics. Markham, 1970.

BAIÃO, A. L.; COUTO, C. G. A eficácia do pork barrel: a importância de emendas orçamentárias e prefeitos aliados na eleição de deputados. **Opinião Pública**, Campinas, v. 23, n. 3, p. 714-753, dez. 2017.

BATISTA, M. O poder no Executivo: explicações no presidencialismo, parlamentarismo e presidencialismo de coalizão. **Revista de Sociologia Política**, v. 24, n. 57, p. 127-155, 2016.

BEZERRA, G. M. L. **A oposição nos governos FHC e Lula**: um balanço da atuação parlamentar na Câmara dos Deputados. Dissertação (Mestrado em Ciência Política) – Universidade Federal do Rio Grande do Sul, Porto Alegre, 2012.

BEZERRA, M. O. **Em nome das bases**: política, favor e dependência pessoa. Rio de Janeiro: Relume Dumará, 1999.

BINDER, S. **Minority Rights, Majority Rules**. Cambridge: Cambridge University, 1997.

BOAS, T. C. HIDALGO, D. F.; RICHARDSON, N. P. The Spoils of Victory: Campaign Donations and Government Contracts in Brazil. **The Journal of Politics**, v. 76, n. 2, p. 415-429, 2014.

BONAVIDES, P.; ANDRADE, P. de. **História constitucional do Brasil**. 3. ed. São Paulo: Paz e Terra, 1991.

BORGES, A. S. Poder legislativo no Maranhão: dinâmicas partidárias e relações com o poder executivo. In: TOMIO, F. R. de L.; RICCI, P. (Org.). **Governadores e Assembleias Legislativas**: instituições e política nos estados brasileiros. São Paulo: Alameda, 2018. p. 467-498.

BRAGA, S.; FRANÇA, A. S. Produção legal e relação entre Executivo e Legislativo no Paraná (1999-2002). In: PERISSINOTTO, M. et al. (Org.). **Quem governa?** Um estudo das elites políticas do Paraná. Curitiba: Ed. da UFPR, 2008. p. 200-225.

BRASIL. Congresso Nacional. Câmara dos Deputados. **Portal da Câmara dos Deputados**. Disponível em: <https://www.camara.leg.br>. Acesso em: 10 mar. 2020.

BRASIL. Congresso Nacional. Câmara dos Deputados. **Entenda o papel dos líderes partidários**. 28 set. 2018. Disponível em: <https://www2.camara.leg.br/camaranoticias/noticias/POLITICA/563683-ENTENDA-O-PAPEL-DOS-LIDERES-PARTIDARIOS.html>. Acesso em: 10 mar. 2020.

BRASIL. Congresso Nacional. Câmara dos Deputados. **Regimento Interno da Câmara dos Deputados**. 19. ed. Brasília: Edições Câmara, 2019.

BRASIL. Constituição (1824). **Coleção das Leis do Império do Brasil**, Rio de Janeiro, v. 1, p. 7, 1824. Disponível em: <http://www.planalto.gov.br/ccivil_03/Constituicao/Constituicao24.htm>. Acesso em: 10 mar. 2020.

BRASIL. Constituição (1891). **Diário Oficial da União**, Rio de Janeiro, 24 fev. 1891. Disponível em: <http://www.planalto.gov.br/ccivil_03/Constituicao/Constituicao91.htm>. Acesso em: 10 mar. 2020.

BRASIL. Constituição (1934). **Diário Oficial da União**, Rio de Janeiro, 16 jul. 1934. Disponível em: <http://www.planalto.gov.br/ccivil_03/Constituicao/Constituicao34.htm>. Acesso em: 10 mar. 2020.

BRASIL. Constituição (1946). **Diário Oficial da União**, Rio de Janeiro, 19 set. 1946. Disponível em: <http://www.planalto.gov.br/ccivil_03/Constituicao/Constituicao46.htm>. Acesso em: 10 mar. 2020.

BRASIL. Constituição (1967). **Diário Oficial da União**, Brasília, 24 jan. 1967. Disponível em: <http://www.planalto.gov.br/ccivil_03/Constituicao/Constituicao67.htm>. Acesso em: 10 mar. 2020.

BRASIL. Constituição (1988). **Diário Oficial da União**, Brasília, 5 out. 1988. Disponível em: <http://www.planalto.gov.br/ccivil_03/Constituicao/Constituicao.htm>. Acesso em: 10 mar. 2020.

BRASIL. Constituição (1988). Emenda Constitucional n. 32, de 11 de setembro de 2001. **Diário Oficial da União**, Poder Legislativo, Brasília, 12 set. 2001. Disponível em: <http://www.planalto.gov.br/ccivil_03/constituicao/Emendas/Emc/emc32.htm>. Acesso em: 10 mar. 2020.

CAIN, B.; FEREJOHN, J.; FIORINA, M. **The Personal Vote**: Constituency Service and Electoral Independence. Cambridge: Harvard University Press, 1987.

CAMPION, L. **An Introduction to the Procedure of the House of Commons**. London: Macmillan, 1958.

CARAZZA, B. **Dinheiro, eleições e poder**: as engrenagens do sistema político brasileiro. São Paulo: Companhia das Letras, 2018.

CAREY, J.; SHUGART, M. Incentives to Cultivate a Personal Vote: a Rank Ordering of Electoral Formulas. **Electoral Studies**, v. 14, n. 4, p. 417-439, 1995.

CARNEIRO, A. C. de S. **O sistema de comissões permanentes da Câmara dos Deputados**: análise de sua composição e atuação na 54ª Legislatura. Tese (Doutorado em Ciência Política) – Universidade Estadual do Rio de Janeiro, Rio de Janeiro, 2018.

CARROLL, R.; COX, G. W. The Logic of Gamson's Law: Pre Election Coalitions and Portfolio Allocations. **American Journal of Political Science**, v. 51, n. 2, p. 300-313, 2007.

CASTRO, M.; ANASTASIA, F.; NUNES, F. Determinantes do comportamento particularista de legisladores estaduais brasileiros. **Dados**, Rio de Janeiro, v. 52, n. 4, p. 961-1.001, 2009.

CHEIBUB, J. A. **Presidentialism, Parliamentarism, and Democracy**. Cambridge: Cambridge University Press, 2007.

CHEIBUB, J. A.; LIMONGI, F. M. P. From Conflict to Coordination: Perspectives on the Study of Executive-Legislative Relations. **Revista Ibero-Americana de Estudos Legislativos**, v. 1, n. 1, p. 38-53, 2010.

CHOATE, P. **Agents of Influence**: how Japan's Lobbyists in the United States Manipulate America's Political and Economic System. New York: Alfred A. Knopf, 1990.

CLAESSENS, S.; FEIJEN, E.; LAEVEN, L. Political Connections and Preferential Access to Finance: The Role of Campaign Contributions. **Journal of Financial Economics**, v. 88, n. 3, p. 554-580, 2008.

CLAPP, C. L. **The Congressman**: his Work and He Sees it. Washington: Brookings Institution, 1962.

CLAWSON, D. **Dollars and Votes**: how Business Campaign Contributions Subvert Democracy. Philadelphia: Temple University Press, 1999.

COHEN, J. Procedure and Substance in a Deliberative Democracy. In: BOHMAN, J.; REHG, W. (Ed.). **Deliberative Democracy**. Cambridge: MIT, 1997. p. 67-91

CONWAY, M. M. PACs in the Political Process. In: CIGLER, A. J.; LOOMIS, B. A. (Ed.). **Interest Group Politics**. 3. ed. Washington: Congressional Quarterly Press, 1991. p. 199-216.

COX, G. The Organization of Democratic Legislatures. In: WEINGAST, B.; WITTMAN, D. (Ed.). **Oxford Handbook of Political Economy**. New York: Oxford University, v. 13, Mar. 2006. p. 141-161.

COX, G.; MCCUBBINS, M. **Legislative Leviathan**: Party Government in the House. Berkeley/Los Angeles, University of California Press, 1993.

CRISP, B. F. et al. Vote-Seeking Incentives and Legislative Representation in Six Presidential Democracies. **Journal of Politics**, v. 66, n. 3, p. 823-846, Aug. 2004.

CRISP, B. F.; INGALL, R. E. Institutional Engineering and the Nature of Representation: Mapping the Effects of Electoral Reform in Colombia. **American Journal of Political Science**, v. 46, n. 4, p. 733-748, Oct. 2002.

CUNHA, L. Emendamento de medidas provisórias no Brasil: congressistas pegando carona na agenda política iniciada no Executivo. **Revista Teoria & Sociedade**, v. 22, n. 1, p. 60-89, jan./jun. 2014.

DAHL, R. A. **Who Governs?** Democracy and Power in an American City. New Haven: Yale University Press, 1961.

DENZAU, A.; MUNGER, M. Legislators and Interest Groups: how Unorganized Interest get Represented. **American Political Science Review**, v. 80, p. 89-106, 1986.

DIEZ-PICAZO, L. M. Atti legislativi del governo e rapporti fra i poteri: L'esperienza spagnola. **Quaderni Costituzionali**, n. 1, p. 47-67, 1996.

DODD, L. C. Party Coalitions in Multiparty Parliaments: a Game-Theoretic Analysis. **American Political Science Review**, v. 68, n. 3, p. 1.093-1.117, 1974.

DOMINGUES, M. P. Espírito Santo: produção legal e relações entre os poderes Executivo e Legislativo entre 1995 e 1998. In: SANTOS, F. (Org.). **O Poder Legislativo nos estados:** diversidade e convergência. Rio de Janeiro: Ed. da FGV, 2001. p. 85-112.

DORING, H. **Parliaments and Majority Rule in Western Europe.** New York: St. Martin's Press, 1995.

DORING, H; HALLEMBERG, M. **Patterns of Parliamentary Behaviour:** Passage of Legislation across Western Europe. Aldershot: Ashgate, 2004.

DOWNS, A. **An Economic Theory of Democracy.** New York: Harper & Row, 1957.

DUVERGER, M. **Instituciones políticas y derecho constitucional.** Barcelona: Ariel, 1980.

DUVERGER, M. **Political Parties.** London: Methuen, 1954.

EDWARDS III, G. C.; BARRETT, A.; PEAKE, J. The Legislative Impact of Divided Government. **American Journal of Political Science,** v. 41, n. 2, p. 545-563, 1997.

EVANS, D. PAC Contributions and Roll-Call Voting: Conditional Power. In: CIGLER, A. J.; LOOMIS, B. A. (Ed.). **Interest Group Politics.** 3. ed. Washington: Congressional Quarterly Press, 1986. p.

FALGUERA, E. Conclusões. In: FALGUERA, E.; JONES, S.; OHMAN, M. **Financiamento de partidos políticos e campanhas eleitorais:** um manual sobre financiamento político. Rio de Janeiro: Ed. da FGV, 2015. p. 457-486.

FAORO, R. **Os donos do poder.** São Paulo: Globo, 2001.

FERNANDES, T. Bolsonaro não pode terceirizar articulação política, diz Rodrigo Maia. **Folha de São Paulo**, 23 mar. 2019. Disponível em: <https://www1.folha.uol.com.br/mercado/2019/03/maia-cobra-bolsonaro-por-articulacao-da-previdencia-e-diz-que-governo-precisa-se-diferenciar-do-pt.shtml>. Acesso em: 10 fev. 2020.

FERRAZ, S. E. A dinâmica política do Império: instabilidade, gabinetes e Câmara dos Deputados (1840-1889). **Revista de Sociologia e Política**, Curitiba, v. 25, n. 62, p. 63-91, 2017.

FIGUEIREDO, A. C.; LIMONGI, F. Instituições políticas e governabilidade: desempenho do governo e apoio legislativo na democracia brasileira. In: SÁEZ, M. A.; MELO, C. R. (Org.). **A democracia brasileira**: balanço e perspectivas para o século 21. Belo Horizonte: Ed. da UFMG, 2007. p. 146-198.

FIGUEIREDO, A. C.; LIMONGI, F. **Executivo e Legislativo na nova ordem constitucional**. Rio de Janeiro: Ed. da FGV, 1999.

FIORINA, M. P. **Retrospective Voting in American National Elections**. New Haven: Yale University Press, 1981.

FIRPO, S.; PONCZEK, V.; SANFELICE, V. The Relationship between Federal Budget Amendments and Local Electoral Power. **Journal of Development Economics**, v. 116, p. 186-198, 2015.

FLEISHER, R. PAC Contribution and Congressional Voting on National Defense. **Legislative Studies Quarterly**, v. 18, p. 391-409, 1993.

ARINOS, A. de M. F. **Evolução da crise brasileira**. 2. ed. Rio de Janeiro: Topbooks, 2005.

FREITAS, A. **O presidencialismo da coalizão**. Rio de Janeiro: Fundação Konrad Adenauer, 2016.

GAMM, G.; KOUSSER, T. Broad Bills or Particularistic Policy? Historical Patterns in American State Legislatures. **American Political Science Review**, v. 104, n. 1, p. 151-170, 2010.

GAMSON, W. A. A Theory of Coalition Formation. **American Sociological Review**, v. 26, n. 3, p. 373-382, 1961.

GOLDER M. Presidential Coattails and Legislative Fragmentation. **American Journal of Political Science**, v. 50, n. 1, p. 34-48, 2006.

GOMES, S. O impacto das regras de organização do processo legislativo no comportamento dos parlamentares: um estudo de caso da Assembleia Nacional Constituinte (1987-1988). **Dados**, Rio de Janeiro, v. 49, n. 1, p. 193-224, 2006.

GRAÇA, L. F.; PINTO, A. A. A relação dos poderes executivo-legislativo no estado do Rio de Janeiro (2003-2010). In: TOMIO, F. R. de L.; RICCI, P. (Org.) **Governadores e Assembleias Legislativas**: instituições e política nos estados brasileiros. São Paulo: Alameda, 2018. p. 363-398.

GROHMANN, L. G. M. O processo legislativo no Rio Grande do Sul: 1995 a 1998. In: SANTOS, F. (Org.). **O Poder Legislativo nos estados**: diversidade e convergência. Rio de Janeiro: Ed. da FGV, 2001. p. 113-162.

GUARNIERI, F.; PERES, P.; RICCI, P., Os partidos no estado federativo: uma abordagem organizacional. In: TOMIO, F. R. de L.; RICCI, P. (Org.) **Governadores e Assembleias Legislativas**. São Paulo: Alameda, 2018. p. 103-125.

HALLERBERG, M.; HAGEN, J. von. Electoral Institutions, Cabinet Negotiations, and Budget Deficits in the European Union. In: POTERBA, J. M. HAGEN, J. von. **Fiscal Institutions and Fiscal Performance**. Chicago: University of Chicago, 1999. p. 209-232.

HOLANDA, S. B. **História geral da civilização brasileira**. São Paulo: Difel, 1985. v. 7: O Brasil Monárquico: Do Império à República.

HOOGHE, L.; MARKS, G.; SCHAKEL, A. H. **The Rise of Regional Authority**: a Comparative Study of 42 Democracies. Abingdon: Routledge, 2010.

HUBER, J. D. **Rationalizing Parliament**: Legislative Institutions and Party Politics in France. Cambridge: Cambridge University Press, 1996.

INÁCIO, M. Mudança procedimental, oposições e obstrução na Câmara dos Deputados. In: INÁCIO, M.; RENNO, L. **Legislativo brasileiro em perspectiva comparada**. Belo Horizonte: Ed. da UFMG, 2009. p. 353-379.

IZUMI, M. Y. Governo e oposição no senado brasileiro (1989-2010). **Dados**, Rio de Janeiro, v. 59, n. 1, p. 91-138, 2016.

JACOBSEN, H. L. G. **Interação estratégica entre os poderes executivo e legislativo**: as medidas provisórias editadas nos mandatos de Lula e Dilma (2003-2014). Dissertação (Mestrado em Ciência Política) – Universidade Federal de Pelotas, Pelotas, 2016.

JAIR Bolsonaro: as promessas do candidato do PSL à Presidência. **G1**, 11. out. 2018. Disponível em:<https://g1.globo.com/politica/eleicoes/2018/noticia/2018/10/11/jair-bolsonaro-as-promessas-do-candidato-do-psl-a-presidencia.ghtml>. Acesso em: 20 fev. 2020.

JOBIM, N. O Colégio de Líderes e a Câmara dos Deputados. In: O desafio do Congresso Nacional: mudanças internas e fortalecimento institucional. **Cadernos de Pesquisa Cebrap**, São Paulo, n. 3, p. 37-59, nov. 1994.

KELLY, S. Q. Divided we Govern? A Reassessment. **Polity**, v. 25, n. 3, p. 475-484, 1993.

KITSCHELT, H. Linkages between Citizens and Politicians in Democratic Polities. **Comparative Political Studies**, v. 33, n. 6-7, p. 845-879, 2000.

KREHBIEL, K. **Information and Legislative Organization**. Michigan: University of Michigan Press, 1991.

LACERDA, F. Assembleia Legislativa do Estado de São Paulo. In: TOMIO, F. R. de L.; RICCI, P. (Org.). **Governadores e Assembleias Legislativas**: instituições e política nos estados brasileiros. São Paulo: Alameda, 2018. p. 329-362.

LANCASTER, T. D. Electoral Structures and Pork Barrel Politics. **International Political Science Review**, v. 7, n. 1, p. 67-81, 1986.

LANCASTER, T. D. PATTERSON, D. W. Comparative Pork Barrel Politics: Perceptions from the West German Bundestag. **Comparative Political Studies**, v. 22, n. 4, p. 458-477, 1990.

LEISERSON, M. **Coalitions in Politics**: a Theoretical and Empirical Study. New Haven: Yale University, 1966.

LEMOS, L. B. de S. O Congresso Brasileiro e a distribuição de benefícios sociais no período 1988-1994: uma análise distributivista. **Dados**, Rio de Janeiro, v. 44, n. 3, p. 562-605, 2001.

LEONI, E. Ideologia, democracia e comportamento parlamentar: a Câmara dos Deputados (1991-1998). **Dados**, Rio de Janeiro, v. 45, n. 3, p. 361-386, 2002.

LESTON-BANDEIRA, C. **Da legislação à legislação**: o papel do parlamento português. Lisboa: Imprensa de Ciências Sociais, 2002.

LIJPHART, A. **Modelos de democracia**: desempenho e padrões de governo em 36 países. Rio de Janeiro: Civilização Brasileira, 2003.

LOEWENBERG, G.; PATTERSON, S. **Comparing Legislatures.** Boston: Little Brown, 1979.

LOWERY, D. Why do Organized Interests Lobby? A Multi-Goal, Multi-Context Theory of Lobbying. **Polity**, v. 39, n. 1, p. 29-54, Jan. 2007.

LOWI, T. American Business, Public Policy, Case Studies, and Political Theory. **World Politics**, v. 16, n. 4, p. 677-715, 1964.

MAGLEBY, D. B.; NELSON, C. J. **The Money Chase**: Congressional Campaign Finance Reform. Washington: Brookings, 1990.

MAINWARING, S. **Sistemas partidários em novas democracias**: o caso do Brasil. Rio de Janeiro: FGV, 2001.

MAINWARING, S. Presidentialism, Multipartism, and Democracy: The Difficult Combination. **Comparative political studies**, v. 26, n. 2, p. 198-228, 1993.

MALBIN, M. J. Money and Politics in the United States: Financing Elections in the 1980s. **American Enterprise Institute for Public Policy Research**, 1984.

MANCUSO, W. P. Investimento eleitoral no Brasil: balanço da literatura (2001-2012) e agenda de pesquisa. **Revista de Sociologia e Política**, Curitiba, v. 23, n. 54, p. 155-183, jun. 2015.

MANCUSO, W. P. O empresariado como ator político no Brasil: balanço da literatura e agenda de pesquisa. **Revista de Sociologia e Política**, Curitiba, n. 28, p. 131-146, 2007.

MANCUSO, W. P.; MOREIRA, D. C. Benefícios tributários valem a pena? Um estudo de formulação de políticas públicas. **Revista de Sociologia e Política**, Curitiba, v. 21, n. 45, p. 107-121, 2013.

MANIN, B. **The Principles of Representative Government.** Cambridge: Cambridge University Press, 1997.

MAXEY, C. C. A Little History of Pork. **National Municipal Review**, v. 8, n. 10, p. 691-705, 1919.

MAYHEW, D. R. **Congress**: the Electoral Connection. New Haven: Yale University Press, 1974.

MAYHEW, D. R. **Divided we Govern**. New Haven: Yale University, 1991.

MIRANDA, G. L de. A delegação aos líderes partidários na Câmara dos Deputados e no Senado Federal. **Revista de Sociologia e Política**, Curitiba, v. 18, n. 37, p. 201-225, out. 2010.

MITCHELL, P.; NYBLADE, B. Government Formation and Cabinet Type. In: STROM, K.; MULLER, W. C.; BERGMAN, T. (Ed.). **Cabinets and Coalition Bargaining**: the Democratic Life Cycle in Western Europe. Oxford: Oxford University Press, 2008, p.201-236.

MONIZ, H. **A Manhã**, n. 2.912, coluna A Reforma Agrária, p. 7, jan. 1951.

MORGENSTERN, S.; SWINDLE, S. M. An Analysis of Voting Patterns in 23 Democracies. **Comparative Political Studies**, v. 38, n. 2, p. 143-170, 2005.

MULLER, G. Comissões e partidos políticos na Câmara dos Deputados: um estudo sobre os padrões partidários de recrutamento para as comissões permanentes. **Dados**, Rio de Janeiro, v. 48, n. 1, p. 371-394, 2005.

NEGRETTO, G. L. **Making Constitutions:** Presidents, Parties, and Institutional Choice in Latin America. Cambridge: Cambridge University, 2013.

NEIVA, P. R. P. Disciplina partidária e apoio ao governo no bicameralismo brasileiro. **Revista de Sociologia e Política,** Curitiba, v. 19, n. 39, p. 1831-196, 2011.

NICOLAU, J. **Representantes de quem?** Os (des) caminhos do seu voto da urna à Câmara dos Deputados. Rio de Janeiro: Zahar, 2017.

NICOLAU, J. O sistema eleitoral de lista aberta no Brasil. **Dados,** Rio de Janeiro, v. 49, n. 4, p. 689-720, 2006.

NO CHILE, Bolsonaro diz que 'alguns não querem largar a velha política' e que responsabilidade da reforma está no Parlamento. **G1,** 23 mar. 2019. Disponível em: <https://g1.globo.com/politica/noticia/2019/03/23/alguns-nao-querem-largar-a-velha-politica-diz-bolsonaro-em-evento-no-chile.ghtml>. Acesso em: 10 fev. 2020.

NOGUEIRA, O. **A Constituinte de 1946:** Getúlio, o sujeito oculto. São Paulo: M. Fontes, 2005.

OHMAN, M. Introdução ao financiamento político. In: FALGUERA, E.; JONES, S.; OHMAN, M. **Financiamento de partidos políticos e campanhas eleitorais:** um manual sobre financiamento político. Rio de Janeiro: FGV, 2015. p. 23-36.

OLIVEIRA, I. C. de. **Comissões Especiais da Câmara dos Deputados:** uma análise geral. Monografia (Especialização em Processos Legislativos). Brasília: Centro de Formação, Treinamento e Aperfeiçoamento (Cefor), da Câmara dos Deputados, 2009.

OLSON, M. **Lógica da ação coletiva:** os benefícios públicos e uma teoria dos grupos sociais. São Paulo: Edusp, 1999.

OSTROM, E. **Governing the Commons**: the Evolution of Institutions for Collective Action. Cambridge: Cambridge University Press, 1990.

PEREIRA, C.; MUELLER, B. Uma teoria da preponderância do Poder Executivo: o sistema de comissões no Legislativo brasileiro. **Revista Brasileira de Ciências Sociais**, v. 15, n. 43, p. 45-67, jun. 2000.

PEREIRA, C.; RENNÓ, L. O que é que o reeleito tem? O retorno: o esboço de uma teoria da reeleição no Brasil. **Revista de Economia Política**, v. 27, n. 4, p. 664-683, 2007.

PÉREZ-LIÑÁN, A. **Presidential Impeachment and the New Political Instability in Latin America**. Cambridge: Cambridge University Press, 2007.

POLSBY, N. The Institutionalization of U.S. House of Representatives. **American Political Science Review**, v. 62, n. 1, p. 144-168, Mar. 1968.

POWER, T. J. O presidencialismo de coalizão na visão dos parlamentares brasileiros. In: POWER, T. J.; ZUCCO, C. (Org.). **O Congresso por ele mesmo**: autopercepções da classe política brasileira. Belo Horizonte: Ed. da UFMG, 2011. p. 131-163.

PRZEWORSKI, A. Democracy, Redistribution, and Equality. **Brazilian Political Science Review**, v. 6, n. 1, p. 1-11, 2012.

RAINHA, J. Espírito Santo: dinâmica partidária, produção legal e relação entre Executivo e Legislativo entre 2003 e 2010. In: TOMIO, F. T. L.; RICCI, P. **Governadores e Assembleias Legislativas**: instituições e política nos estados brasileiros. São Paulo: Alameda, 2018. p. 431-466.

REBUFFA, G. Teoria e Prassi del Negoziato Parlamentare tra Conflitto e Consociazione. In: VIOLANTE, L. (Org.). **Annali della Storia d'Italia**: Il Parlamento. Torino: Einaudi, 2001. p. 485-517.

REDLICH, J. **The Procedure of the House of Commons**: a Study of its History and Present Form. London: A. Constable, 2004.

REDSLOB, R. **Le régime parlementaire**. Etude sur les institutions d'Angleterre, de Belgique, de Hongrie, de Suède, de France, de Tchécoslovaquie, de l'Empire Allemand, de Prusse, de Bavieère et d' Austriche. Paris: Giard, 1924.

RICCI, P. **De onde vêm nossas leis?** Origem e conteúdo da legislação em perspectiva comparada. Tese (Doutorado em Ciência Política) – Universidade de São Paulo, São Paulo, 2006.

RICCI, P. O conteúdo da produção legislativa brasileira: leis nacionais ou politicas paroquiais? **Dados**, Rio de Janeiro, v. 46, n. 4, p. 699-734, 2003.

RICCI, P. Teorias e interpretações recentes sobre o processo decisório nos parlamentos contemporâneos. **BIB**, n. 77, p. 25-44, 2015.

RICCI, P.; LEMOS, L. Individualismo e partidarismo na lógica parlamentar: o antes e o depois das eleições. In: POWER, T. J.; ZUCCO, C. (Org.). **O Congresso por ele mesmo**: autopercepções da classe política brasileira. Belo Horizonte: Ed. da UFMG, 2011. p. 207-238.

RICCI, P.; TOMIO, F. O poder da caneta: a medida provisória no processo legislativo estadual. **Opinião Pública**, Campinas, v. 18, n. 2, p. 255-277, nov. 2012.

RICHTER, B. K.; FIGUEIREDO, J. M. Advancing the Empirical Research on Lobbying. **Annual Review of Political Science**, n. 17, p. 163-185, 2014.

RIKER, W. H. **The Theory of Political Coalitions**. New Haven: Yale University Press, 1962.

SABATO, L. **PAC Power:** Inside the World of Political Action Committees. New York: W.W. Norton, 1985.

SAIEGH, S. M. Political Prowess or "Lady Luck"? Evaluating Chief Executives' Legislative Success Rates. **The Journal of Politics**, v. 71, n. 4, p. 1.342-1.356, Oct. 2009.

SAMUELS, D. J. Pork Barreling Is Not Credit Claiming or Advertising: Campaign Finance and the Sources of the Personal Vote in Brazil. **Journal of Politics**, v. 64, n. 3, p. 845-863, 2002.

SAMUELS, D. J.; SHUGART, M. S. **Presidents, Parties, and Prime Ministers:** How the Separation of Powers Affects Party Organization and Behavior. Cambridge University Press, 2010.

SANDES-FREITAS, V. E. V. Processo de formação de governos: conciliando perspectivas teóricas para a análise dos estados brasileiros. **BIB**, São Paulo, n. 88, p. 1-22, 2019.

SANTOS, A. M. dos. Experiência política e liderança legislativa na Câmara dos Deputados. **Novos Estudos Cebrap**, n. 59, p. 153-171, mar. 2001.

SANTOS, F. G. M. Microfundamentos do clientelismo político no Brasil: 1959-1963. **Dados**, Rio de Janeiro, v. 38, n. 3, p. 459-496, 1995.

SANTOS, F. G. M. **O poder legislativo no presidencialismo de coalizão**. Belo Horizonte: Ed. da UFMG, 2003.

SANTOS, F. Patronagem e poder de agenda na política brasileira. Dados, v. 40, n. 3, p. 465-492, 1997.

SANTOS, F. Partidos e comissões no presidencialismo de coalizão. **Dados**, Rio de Janeiro, v. 45, n. 2, p. 237-264, 2002.

SANTOS, F.; BORGES, M. **Poder de agenda**. Brasília: Enap, 2018.

SANTOS, M. L. et al. **Lobbyng no Brasil**: profissionalização, estratégias e influência. Texto para discussão n. 2334. Rio de Janeiro: Ipea, 2017.

SANTOS, R. F. dos. **Poder de agenda e participação legislativa no presidencialismo de coalizão brasileiro**. 126 f. Dissertação (Mestrado em Ciência Política) – Universidade de São Paulo, São Paulo, 2010.

SCHLEGEL R. Presidencialismo e influência restrita no centro limitam poder de Assembleias. In: TOMIO, F. R. de L.; RICCI, P. (Org.). **Governadores e Assembleias Legislativas**: instituições e política nos estados brasileiros. São Paulo: Alameda, 2018. p. 251-287.

SHEPSLE, K. A.; WEINGAST, B. R. Structure-Induced Equilibrium and Legislative Choice. **Public Choice**, v. 37, n. 3, p. 503-519, 1981.

SHEPSLE, K. A.; WEINGAST, B. R. The Institutional Foundations of Committee Power. **American Political Science Review**, v. 81, n. 1, p. 85-104, 1987.

SHEPSLE, K. A.; WEINGAST, B. R. Uncovered Sets and Sophisticated Voting Outcomes with Implications for Agenda Institutions. **American Journal of Political Science**, v. 28, n. 1, p. 49-74, 1984.

SHUGART, M. S. Electoral 'Efficiency' and the Move to Mixed-Member Systems. **Electoral Studies**, v. 20, n. 2, p. 173-193, 2001.

SHUGART, M. S.; VALDINI, M. E.; SUOMINEN, K. Looking for Locals: Voter Information Demands and Personal Vote-Earning Attributes of Legislators under Proportional Representation. **American Journal of Political Science**, v. 49, n. 2, p. 437-449, 2005.

SILAME, T. R. **Diálogos sobre o "ultrapresidencialismo" estadual**: dos condicionantes políticos do sucesso legislativo dos governadores brasileiros. Tese (Doutorado em Ciência Política) – Universidade Federal de Minas Gerais, Belo Horizonte, 2016.

SPECK, B. W. O financiamento político e a corrupção no Brasil. In: BIASON, R. de C. (Org.). **Temas de corrupção política**. São Paulo: Balão Editorial, 2012. p. 49-97. 2012.

SPECK, B. W.; MARCIANO, J. L. P. O perfil da Câmara dos Deputados pela ótica do financiamento privado das campanhas. In: SATHLER, A.; BRAGA, R. **Legislativo pós-1988**: reflexões e perspectivas. Brasília: Edições Câmara, 2015. p. 267-292.

STEPAN, A. Para uma nova análise comparativa do federalismo e da democracia: federações que restringem ou ampliam o poder do demos. **Dados**, Rio de Janeiro, v. 42, n. 2, p. 197-251, 1999.

STRATMANN, T. What do Campaign Contributions Buy? Deciphering the Causal Effects of Money and Votes. **Southern Economic Journal**, v. 100, p. 647-664, 1991.

STRØM, K. **Minority Government and Majority Rule**. Cambridge: Cambridge University Press, 1990.

SWAAN, A. **Coalition Theories and Cabinet Formations**: a Study of Formal Theories of Coalition Formation Applied to Nine European Parliaments After 1918. San Francisco: Jossey-Bass, 1973. v. 4.

SWINDLE, S. M. The Supply and Demand of the Personal Vote. **Party Politics**, v. 8, n. 3, p. 279-300, 2002.

TOMIO, F. R. de L. A criação de municípios após a Constituição de 1988. **Revista Brasileira de Ciências Sociais**, v. 17, n. 48, p. 61-90, 2002.

TOMIO, F. R. de L. Medidas provisórias, iniciativas e decisões legislativas no processo decisório estadual catarinense. In: CARREIRÃO, Y. S.; BORBA, J. (Org.). **Os partidos na política catarinense**: eleições, processo legislativo, políticas públicas. Florianópolis: Insular, 2006. p. 93-142.

TOMIO, F. R. de L.; MIRANDA, E. S. Paraná, Santa Catarina e Rio Grande do Sul: muitas constantes e poucas variações no processo legislativo. In: TOMIO, F. R. de L.; RICCI, P. (Org.). **Governadores e Assembleias Legislativas**: instituições e política nos estados brasileiros. São Paulo: Alameda, 2018. p. 289-328.

TOMIO, F. R. de L.; RICCI, P. (Org.). **Governadores e Assembleias Legislativas**: instituições e política nos estados brasileiros. São Paulo: Alameda, 2018.

TOMIO, F. R. de L.; RICCI, P. (Org.). O governo estadual na experiência política brasileira: os desempenhos legislativos das assembleias estaduais. **Revista de Sociologia e Política**, Curitiba, v. 20, n. 41, p. 193-217, 2012.

TRUMAN, D. B. **The Governmental Process**. New York: Alfred A. Knopf, 1951.

TSEBELIS, G. **Atores com poder de veto**: como funcionam as instituições políticas. Rio de Janeiro: Ed. da FGV, 2009.

TULLOCK, G. Why so Much Stability? **Public Choice**, v. 37, n. 2, p. 189-204, 1981.

WELCH, W. P. Campaign Contributions and Legislative Voting: Milk Money and Dairy Price Supports. **Western Political Quarterly**, v. 35, p. 478-495, 1982.

ZULINI, J. P. **Modos do bom governo na Primeira República brasileira**: o papel do parlamento no regime de 1889-1930. 323 f. Tese (Doutorado em Ciência Política) – Universidade de São Paulo, São Paulo, 2016.

Respostas

Capítulo 1

Questões para revisão
1. Podemos identificar pelos menos três abordagens sobre a formação de coalizões governativas. De acordo com Riker, o resultado final da negociação entre os líderes no momento pós eleitoral convergiria para a criação de *coalizões mínimas ganhadoras (minimal winning coalitions)*, isto é, governos formados por um grupo mínimo de partidos cuja ação conjunta permitiria alcançar a maioria necessária para se governar. É uma coalizão "mínima" no sentido de que, se algum partido abandonar o governo, a coalizão torna-se minoritária. Um risco desejável porque os atores políticos teriam interesse em acumular o maior número de cargos – algo tanto mais factível quanto mais se restringisse o tamanho da coalizão ao menor número de partidos. Outros autores não consideram razoável pensar a construção das coalizões unicamente pela ótica das negociações entre os líderes partidários e argumentam que um fator extra e necessário a se considerar

diz respeito ao posicionamento ideológico (e a potencial distância ideológica) entre os líderes. Assim, as coalizões mínimas ganhadoras se formarão em torno do menor *diâmetro ideológico*, entendido como distância entre os dois membros extremos no eixo esquerda-direita. Por fim, há quem explique a formação de coalizões a partir da posição que cada partido tem em relação à intervenção sobre a política pública (*policy*). Para Axelrod (1970), os partidos não competem apenas por cargos (*office*), mas por influenciar as políticas públicas (*policy*). Assim, os partidos prefeririam compor coalizões caracterizadas por menor conflito em termos de preferências de *policy*.

2. A opção de um governo unipartidário majoritário nunca se concretizou no Brasil. Isso porque o partido do presidente não pode garantir sozinho o controle sobre o processo legislativo. Assim, o partido do presidente segue a mesma lógica do partido dos primeiros-ministros em regimes parlamentaristas, distribuindo posições de poder, como cargos em ministérios e secretarias, em troca de apoio legislativo. Os estudos conduzidos sobre o caso brasileiro têm evidenciado similaridades com os presidencialismos latino-americanos, onde há distribuição de cargos no gabinete presidencial levando em conta o tamanho dos partidos no Congresso. As relações Executivo-Legislativo devem ser interpretadas não como contraposição entre dois poderes, cada um agindo de forma independente, mas a partir da relação entre presidente e sua maioria legislativa. Isto é, os partidos agem de acordo com sua relação com o governo: ou fazem parte dele, ou se opõem. Do ponto de vista dos estudos legislativos, isso significa que a dimensão principal para entender a produção legislativa é a relação governo-oposição.

A governabilidade está garantida pela capacidade do presidente de criar coalizões com as quais negocia a formulação de políticas públicas.
3. d.
4. c.
5. c.

Questões para reflexão
A decisão do presidente Jair Bolsonaro em se afastar da "velha forma de se fazer política" pode ser criticada sob dois ângulos. Por um lado, sob a perspectiva da teoria da representação, é questionável o isolamento em que o Executivo se coloca perante o Congresso Nacional como se apenas o primeiro tivesse legitimidade para formular novas políticas públicas. Aqui, o perigo é passar uma mensagem equivocada de que apenas uma instituição funciona e é legitima, ao passo que a outra é um empecilho institucional. Por outro lado, o presidente não é responsável por uma agenda unilateral de políticas públicas. No fundo, a criação de um governo de coalizão é prática comum em muitos países do mundo como solução vantajosa para negociar políticas, recursos e mudanças normativas. Não há como implementar uma agenda reformista sem a participação do Congresso Nacional e dos partidos que aí estão representados.

Capítulo 2

Questões para revisão
1. Com essa expressão entende-se a tendência à *centralização decisória*, isto é, à *racionalização dos trabalhos legislativos* que ocorreu nos parlamentos a partir do século XIX. Pode-se dizer que a tendência à centralização das regras decisórias é função direta das relações entre os poderes Executivo e Legislativo,

em que o Executivo é visto como um agente da maioria. Entretanto, esse fenômeno não pode ficar restrito à ideia de que há regras que garantem a maioria parlamentar. A questão crucial é o conjunto de normas que concentram os poderes de agenda em torno de atores-chave no processo legislativo. São essas normas que garantem o maior controle sobre o processo eleitoral como um tudo.

2. As regras regimentais impõem custos à ação individual e coletiva dentro da arena legislativa, condicionando o funcionamento dos trabalhos e, em última instância, determinando resultados diferentes em termos de produção legislativa. Vários estudos têm mostrado que os governos detentores de maiores poderes de agenda têm mais facilidade de aprovar leis consideradas conflituosas. O sucesso legislativo não deriva unicamente do monopólio da agenda, já que há outros fatores a se considerar, como o grau de coesão entre os legisladores que apoiam o governo, a distância ideológica dos atores políticos, em particular da maioria legislativa com o governo, o grau de fragmentação legislativa, a popularidade do governo ou a agenda legislativa do Executivo. Entretanto, o estudo das regras que regem os trabalhos legislativos é condição fundamental para explicar o sucesso do Executivo, do Legislativo e, eventualmente, do próprio formato da legislação aprovada.

3. a.
4. c.
5. b.

Questões para reflexão

Os autores afirmam que a agenda legislativa dos presidentes brasileiros foi bem sucedida em razão das prerrogativas institucionais (constitucionais e regimentais) que garantem um controle elevado sobre o processo decisório. Pode-se afirmar, então, que a mera constituição de governos de coalizão é insuficiente para gerar resultados para o conjunto da legislação aprovada e que muito se deve ao arranjo institucional que confere poderes legislativos a alguns atores.

Capítulo 3

Questões para revisão

1. O texto constitucional exige que a formação da Mesa Diretora das Casas Legislativas assegure a representação proporcional dos partidos e blocos. Justamente por esse motivo, os regimentos internos dos parlamentos estabelecem as regras para a eleição dos componentes da mesa diretora dos trabalhos legislativos levando em conta critérios partidários. Esse componente partidário ganha destaque quando se pensa na gestão da coalizão que apoia o Executivo. O controle da Mesa por parte do governo é fundamental para organizar os trabalhos legislativos. Isso porque a principal atribuição da Mesa consiste justamente em dirigir os trabalhos nas sessões legislativas, responsabilizando-se pela definição da pauta e atuando como árbitra das discussões e deliberações, além de moderar potenciais desavenças em plenário. Do ponto de vista político, torna-se racional para a base governista no Congresso controlar as presidências da Mesa da Câmara dos Deputados e do Senado Federal. As informações mostram que o padrão tem sido a presidência da Câmara ficar com um deputado membro da coalizão governista. Esse dado sugere a existência de uma

barganha entre os legisladores da base do governo e o Poder Executivo.

2. O critério básico estabelecido para a composição das comissões segue a mesma lógica regimental definida para a definição dos cargos da Mesa e do Colégio de Líderes: a representação proporcional dos partidos e dos blocos partidários na Câmara, conforme previsto pelo texto da Constituição Federal de 1988. A análise da composição dos membros das comissões revela, porém, um quadro mais complexo. Se é verdade que para as comissões mais relevantes há o predomínio de uma lógica partidária na distribuição das vagas das comissões, é também verdade que esse fenômeno não se aplica a todas as comissões. Assim, se uma explicação para a indicação dos membros é partidária, isto é, os partidos selecionam deputados com maior lealdade política para as comissões estratégicas, também há outras duas explicações que deveriam ser levadas em conta: o peso da especialização anterior quando se trata de comissões permanentes e o interesse dos próprios deputados. Isso significa que o político busca ocupar uma cadeira na comissão que lhe permitisse implementar as políticas mais condizentes com as preferências do seu eleitorado ou, ainda, que o parlamentar escolhe a comissão com base em suas características pessoais. Significa dizer, por exemplo, que um advogado prefere comissões mais centradas no mérito das tecnicidades da lei, ao passo que um agricultor priorizará comissões que debatam temas relacionados ao mundo agrícola.

3. a.
4. d.
5. d.

Questões para reflexão

Por muitos anos os intérpretes do Brasil questionaram o bom funcionamento das instituições políticas, sobretudo em virtude dos incentivos eleitorais que ameaçariam a governabilidade. O fato de termos regras (constitucionais e regimentais) que garantem centralidade decisória aos atores da maioria que apoiam o Executivo configura-se como uma forte arma que impacta o comportamento dos parlamentares e, em última instância, garante governabilidade.

Capítulo 4

Questões para revisão

1. A noção de *conexão eleitoral* cunhada por David Mayhew (1974) a partir do caso americano e adotada posteriormente por vários autores reconhece a existência de um vínculo entre eleitores e partido ou entre eleitores e políticos. No primeiro caso, a ideia é a de que o eleitor decide seu voto estritamente por questões partidárias. Já no segundo tipo de conexão, destaca-se a influência individual do político sobre a decisão de voto do eleitor. Comparativamente, o Brasil representaria um nível elevado de incentivo ao personalismo. Isso porque combina regras de contagem dos votos que valorizam a *performance* individual de cada candidato e níveis elevados de magnitude eleitoral. Por além do mais, é notória a desafeição dos eleitores aos partidos no Brasil. Assim, a conexão eleitoral que caracteriza o caso brasileiro é aquela que se funda no vínculo entre eleitores e políticos.

2. Assumindo que a dinâmica da competição política esteja centrada no político, e não no partido, a resposta que os teóricos da conexão eleitoral dão para a atuação do político

na arena legislativa é que ele atua para beneficiar seus eleitores. Com ênfase à produção de leis geograficamente limitadas, caracterizadas por distribuir benefícios específicos, como asfaltamento de ruas, a reforma de escolas ou a construção de hospitais, por exemplo, o deputado conseguiria obter a aprovação de seu mandato pelos eleitores, angariando, assim, os votos necessários para ser conduzido à reeleição Trata-se das chamadas *políticas paroquiais* (conhecidas como *pork barrel*, em inglês), pela sua conotação local, isto é, limitadas territorialmente para atender a um seleto grupo de eleitores. Do ponto de vista quantitativo, acredita-se que a atividade legislativa deve ser teoricamente maior em sistemas eleitorais centrados na competição pessoal. O raciocínio é simples: contextos onde o voto pessoal domina incitam o político a "mostrar serviço".

Já com relação ao conteúdo das leis, a literatura especializada associa automaticamente voto pessoal com atividades de caráter local. Entretanto, não é isso que se observa no Brasil. A diferença se explica pelo efeito da centralização do processo decisório que aparece na quantidade de propostas apresentadas pelo Legislativo que se tornam lei. A diferença entre a primeira experiência democrática e o período atual é muito expressiva. Observamos a dominância legislativa do Congresso entre 1951 e 1965. A situação inverte-se nos anos 1989-2004, quando o Poder Executivo assume protagonismo legislativo. Por outro lado, se olharmos o conteúdo dos projetos apresentados pelos deputados, predominam leis abrangentes – e não aquelas centradas em medidas paroquiais. Isso sugere que, a despeito de um sistema eleitoral que estimula a produção de leis paroquiais, a centralização do processo legislativo no pós-1988 condicionou a adoção de políticas de abrangência nacional.

3. d.
4. d.
5. d.

Questões para reflexão

O problema da afirmação de Barry Ames é olhar apenas para os incentivos eleitorais sem levar em conta as regras que regem os trabalhos legislativos. Ainda que se possa argumentar que há algumas esferas em que o político consiga atuar para obter benefícios locais (paroquialistas), essa atitude é marginal e não pode ser considerada representativa do sistema como um todo.

Capítulo 5

Questões para revisão

1. Os cientistas políticos têm observado que os *grupos de interesses* surgem a partir da reunião de indivíduos, na forma de associações, empresas ou organizações para condicionar as opiniões, os projetos de lei e os votos dos legisladores. Esses interesses organizados podem recorrer a diversas formas de ação para exercer influência. As práticas mais estudadas dizem respeito ao financiamento de campanhas eleitorais e ao *lobby*, isto é, a transferência de informações privilegiadas (como fatos ou previsões, estatísticas, sinais, ameaças ou mensagens, por exemplo), de forma privada, diretamente do grupo de interesse para o legislador ou seus assessores pessoais.

Originalmente, os pluralistas entendiam o *lobby* como uma prática positiva para a manutenção da democracia, supondo que a presença de vários grupos demandando políticas públicas manteria o sistema democrático responsivo aos cidadãos. Porém, vários especialistas passaram a interpretar as transações políticas por meio do modelo de maximização do lucro e enterraram a visão benigna de *lobby* cultivada pelos pluralistas, afirmando o poder assimétrico detido pelos lobistas na esfera política em prejuízo de resultados ótimos do ponto de vista social. Acreditava-se que os interesses especiais defendidos pela prática do *lobby* influenciariam a política rotineiramente. A partir dos anos 1990, porém, uma série de achados empíricos revelou dados contra-intuitivos, como as incertezas e dificuldades de se fazer *lobby* e a ineficiência de se influenciar a tomada de decisões em determinados contextos. Por exemplo, os estudos não conseguiram encontrar evidências significativas de exercício de *lobby* nas situações mais prováveis, como quando um grande número de organizações gasta fortunas com lobistas para engajá-los em batalhas titânicas sobre questões novas.

2. Os especialistas seguem apontando o problema da influência política do dinheiro para a qualidade da democracia, especialmente em sociedades mais desiguais. No espectro macro, prevalece uma disputa entre a gama de análises que encontra efeitos das doações de campanha no comportamento legislativo e o grupo de trabalhos que não observam resultados significativos dessas contribuições sob a lógica de atuação dos representantes. Pode-se afirmar que houve uma tendência geral à regulação do financiamento político a partir das décadas de 1980 e 1990. Em particular, três tendências têm emergido: (1) detalhar os atores impedidos de realizar doações para partidos políticos ou candidatos, como uma forma de barrar a ação de interesses específicos cujas contribuições são consideradas prejudiciais para o jogo democrático; (2) promover o financiamento público de partidos políticos, de forma direta

ou indireta, e (3) fixar regras que estabelecem a entrega de relatórios financeiros pelos beneficiários detalhando como eles arrecadaram e gastaram o dinheiro. O objetivo por trás disso é facilitar a fiscalização do cumprimento de outras regras relativas, por exemplo, às proibições de doação ou tetos de gastos das campanhas. Assim, a tendência mundial tem convergido para a adoção do financiamento público, fechando um espaço até então tático para os grupos organizados atuarem.

3. a.
4. b.
5. b.

Questões para reflexão
A chance de partidos buscarem recursos privados para financiar campanhas eleitorais tem tido efeitos perversos sobre os partidos e o sistema partidário como um todo. Além do problema da transparência e dos escândalos de corrupção, essa é uma situação que pode desvirtuar a responsividade democrática em favor da elite econômica, como Robert Dahl alertou mais recentemente.

Capítulo 6

Questões para revisão
1. Observando as prerrogativas constitucionais que a Constituição Federal e as respectivas constituições estaduais conferem ao governador, os estudiosos notaram como o escopo decisório do legislativo estadual encontra-se limitado em termos das questões sobre as quais deve, de fato, legislar. Muitas de suas prerrogativas referem-se a normas administrativas. Tudo isso explicaria o sucesso legislativo dos governadores. Justamente pelo fato de se tratar de assuntos em geral

não relacionados com aspectos ideológico-partidários, não existiram obstáculos à sua aprovação. Dada a situação das prerrogativas definidas em lei, para os deputados estaduais e os respectivos partidos seria, então, preferível um Executivo com suficiente capacidade de produção legislativa a um governador fraco e incapaz de implementar suas proposições no parlamento.

2. No âmbito federal, a medida provisória (MP) é um potente instrumento legislativo nas mãos dos presidentes para mudar o *status quo* legislativo. Entretanto, o texto constitucional deixa pouco espaço para se legislar nos estados. Assim, mesmo quando recorre às MPs, o governador acaba em geral propondo leis sobre questões restritas, basicamente destinadas a regrar a própria máquina pública. Diferentemente do âmbito federal, a MP estadual tem pouca capacidade de impactar a natureza da política pública. Daí não fazer sentido encarar os instrumentos de delegação legislativa à altura dos Executivos estaduais como causa do sucesso legislativo dos governadores.
3. d.
4. d.
5. a.

Questões para reflexão

A adoção de reformas que aumentem as prerrogativas de estados e municípios deveria levar em conta mecanismos de controle e fiscalização robustos da ação das agências e órgãos que atuam no âmbito inferior. Há de se ponderar, sobretudo, os efeitos sobre as condições sociais do Brasil. Ainda que existam bons administradores locais, resta saber se uma maior descentralização permitiria reduzir a gritante desigualdade social de nosso país.

Sobre os autores

Paolo Ricci

Doutor e mestre em Ciência Política pela Universidade de São Paulo, graduado em Ciência Política pela Universidade de Bologna (Itália) e professor do Departamento de Ciência Política da Universidade de São Paulo (DCP/USP) desde 2008. Suas áreas de interesse são partidos, sistemas eleitorais, representação, comportamento político, política comparada. Publicou em revistas de área nacionais (*Dados, Revista Brasileira de Ciências Sociais, Revista de Sociologia e Política, Opinião Pública, Bib*) e internacionais (*Journal of Latin American Studies, Journal of Modern Italian Studies, Latin American Research Review; Representation*). É autor de *Instituições políticas nos estados brasileiros: governadores e Assembleias Legislativas no Brasil contemporâneo* (São Paulo: Alameda Casa Editorial, 2018); em coautoria com Fabricio Tomio, escreveu *Normas regimentais da Câmara dos Deputados*; e, em coautoria com Luciana Botilho Pacheco, *Do Império aos dias de hoje* (Brasília: Câmara dos Deputados, 2017). Recentemente, organizou *O autoritarismo eleitoral dos anos trinta e o Código Eleitoral de 1932* (Curitiba: Appris, 2019).

Jaqueline Porto Zulini
Doutora e mestre em Ciência Política pela Universidade de São Paulo, graduada em Ciências Sociais pela mesma instituição e professora do Centro de Pesquisa e Documentação de História Contemporânea do Brasil – a Escola de Ciências Sociais da Fundação Getúlio Vargas (CPDOC FGV). Autora de artigos em revistas nacionais e internacionais; seus interesses de pesquisa abrangem estudos legislativos, história das instituições políticas, fraude eleitoral, partidos e sistemas partidários, elites políticas e humanidades digitais.

Impressão:
Março/2020